ThoMistica

1

Immagine di copertina di Penny Allaria (Part.)

Progetto grafico: Mauro Ghilardini

Phronesis Editore – 90121 Palermo
Collana THOMISTICA
https://phronesis.it/
phronesis.editore@gmail.com
III° Edizione 2021

Adriano Virgili

TOMMASO D'AQUINO SPIEGATO A MIO CUGINO

Introduzione (molto) elementare
alla filosofia tomistica

Prefazione di
Claudio Antonio Testi

PHRONESIS EDITORE

Indice

Prefazione

Il volume di Adriano Virgili colma finalmente una lacuna nella cultura tomistica italiana la quale, prima di quest'opera, non disponeva di nessun testo capace di spiegare in modo accessibile a chiunque i cardini del pensiero di Tommaso d'Aquino. Certo, di introduzioni al tomismo ne sono state pubblicate molte, ma nessuna con questo taglio così didatticamente brillante e chiaro.

Del resto l'opera del divulgatore non è affatto semplice perché esige ad un tempo sia capacità didattica sia profonda conoscenza della materia che si spiega, E questo è sicuramente il caso di Virgili, che non solo illustra con semplicità i concetti base della teoresi tommasiana, ma lo fa anche con grande precisione e competenza. Quest'aspetto di solida padronanza della materia lo può cogliere in particolare lo studioso tomista, che sa ove risiedono gli snodi essenziali e più innovativi del pensiero di Tommaso. Mi piace quindi elencare alcuni di questi punti, che Virgili mette chiaramente in luce:

- una precisa spiegazione delle cause *fiendi* ed *essendi*, in cui si dice che per l'Aquinate non è impossibile una catena infinita di generazioni di uomini;

- una brillante spiegazione della differenza tra essenza e esistenza;
- un'articolata esposizione delle cinque vie tomiste per dimostrare l'esistenza di Dio, in cui si prendono in esame anche le principali obiezioni contro di queste. Qui va notato come Virgili descriva gli enti contingenti come quelli che "iniziano ad esistere e smettono di farlo" (p. 84) dando così una definizione non banale (spesso si indicano gli enti contingenti come quelli che "possono essere e non essere");
- eccellenti osservazioni sul concetto di creazione che, se correttamente inteso, non è in antitesi con quello di evoluzione e non implica nemmeno che Dio crei il migliore dei mondi possibili (cosa questa esplicitamente negata da Tommaso);
- la spiegazione precisa di come la Provvidenza includa anche il libero arbitrio dei singoli.

Personalmente devo dire che la parte che più ho apprezzato nel testo sono le pagine dedicate alla morale. In una riuscitissima sequenza, Virgili spiega le relazioni intelletto-volontà, il concetto di felicità, la concezione tomista delle passioni e delle virtù (evidentemente basata sulla straordinaria trattazione che l'Aquinate ci offre nella *Summa Teologica*) per poi chiudere con la Legge. E in questo capitolo finale l'autore offre una precisa spiegazione della relazione tra morale, virtù e *lex* in cui, oltre a non confondere la legge naturale con un codice di norme valide per ogni uomo (come tendono a fare i giusnaturalisti moderni), sottolinea giustamente come nell'etica tomista la legge abbia importanza secondaria rispetto alla virtù.

Concludo questa mia prefazione con una nota personale: due anni fa come Istituto Filosofico di Studi Tomistici avevamo programmato di scrivere un testo divulgativo su Tommaso, ma dopo questa pubblicazione abbiamo abbandonato il progetto. Quella che ci offre Virgili è infatti una vera "perla tomistica" difficilmente superabile per efficacia e chiarezza, che d'ora in avanti potrò finalmente consigliare a chi vuole introdursi al tomismo in modo accessibile, ma serio e preciso. E suggerendolo userò le stesse parole con cui Virgili conclude il suo volume: "Se hai seguito attentamente il testo, ora avrai un'idea un po' più chiara del perché [...] la filosofia tomistica sia una ricchezza da riscoprire, specie in questi nostri tempi così confusi" (p. 149).

Claudio Antonio Testi

Caro cugino

Tempo fa, come credo ricorderai, una sera ci trovammo a discutere di temi filosofici, quali la natura delle cose, l'esistenza di Dio, il bene ed il male, ecc. Ricordo che rimanesti molto incuriosito dal fatto che, ad ogni piè sospinto, io citassi san Tommaso d'Aquino. Mi confessasti che, per quanto ciò che ti andavo dicendo ti sembrasse sensato, non riuscivi a comprenderlo fino in fondo, in quanto non avevi alcuna conoscenza del pensiero filosofico di questo autore. Così, mi invitasti a scrivere un testo che potesse illustrarne i contenuti essenziali in modo semplice, un testo che anche chi come te fosse completamente digiuno di studi filosofici potesse comprendere. Questo che stringi tra le mani è il mio tentativo di dare soddisfazione a quella tua richiesta.

Nelle pagine che seguono troverai una succinta trattazione di quelli che ritengo essere alcuni dei punti essenziali del sistema filosofico del Dottore Angelico. Moltissimo, ovviamente, di questo sistema ho dovuto tralasciare, in quanto ho voluto contenere il più possibile le dimensioni del presente libro. Anche alcuni dei temi affrontati, spesso, non lo sono stati in modo esaustivo. Nel complesso, però, ritengo di aver composto un'opera che sarà in grado di darti un'idea abbastanza chiara di quello che è stato il contributo di questo grande Dottore della Chiesa alla storia del pensiero occidentale e di come la sua filosofia sia tutt'altro che morta e sepolta, ma abbia ancora moltissimo da dire all'uomo contemporaneo. A questo fine, mi sono anche concesso alcune riflessioni personali atte a mostrare in che modo a questa possa essere resa ragione al cospetto della modernità. Spero che tali divagazioni non abbiano eccessivamente appesantito il tutto.

Il volume è suddiviso in brevi, spesso brevissimi, capitoli ed ho cercato di strutturarlo in modo che il loro susseguirsi avesse una qualche consequenzialità argomentativa, per quanto possa concederlo il pensiero di san Tommaso d'Aquino, così complesso ed articolato. In calce al testo troverai un glossario dei termini inusuali, nonché una breve lista di libri attraverso i quali potrai approfondire quanto appreso in queste pagine.

Ti auguro una buona lettura. [*]

P.S.

Salutami tanto zia e zio.

---

[*] Nello scrivere il presente libro, mi sono ispirato a lavori similari di Peter Kreeft, Taylor Marshall, Battista Mondin, Edward Feser, Sofia Vanni Rovighi, Giovanni Ventimiglia e molti altri. In ogni caso, il presente testo rappresenta una mia personale sintesi del pensiero di San Tommaso D'Aquino.

Tommaso, chi era costui?

Prima di entrare nel merito dei contenuti del pensiero dell'Aquinate, credo sia il caso di scrivere due parole sulla sua vita. Tommaso nacque attorno al 1225 a Roccasecca, sul confine tra le odierne regioni del Lazio e della Campania. Il suo era uno dei casati più nobili dell'epoca, quello dei conti d'Aquino, imparentato con la famiglia imperiale degli Svevi. In qualità di figlio cadetto, da bambino, Tommaso fu inviato presso l'abazia di Montecassino, il cui abate era all'epoca un suo zio. L'idea dei suoi familiari era, probabilmente, quella di farne in futuro un successore di quest'ultimo.

Quando aveva quattordici anni, a seguito di alcuni eventi bellici che stavano sconvolgendo la zona ove sorgeva l'abazia, i suoi genitori, per garantirne l'incolumità, decisero di inviarlo a Napoli, dove avrebbe potuto completare gli studi presso l'università lì recentemente fondata dall'imperatore Federico II. Fu qui che il giovane Tommaso ebbe modo di conoscere il pensiero di Aristotele, che tanto profondamente avrebbe segnato il suo sviluppo intellettuale, e di venire in contatto con l'ordine dei frati predicatori (comunemente detti domenicani), del quale ben presto volle entrare a far parte. I suoi, non gradendo questa decisione, deliberarono di tentare di farlo desistere da un tale proposito, così due dei suoi fratelli, accompagnati da un drappello di armati, lo rapirono e lo condussero nel castello di Monte San Giovanni Campano, ove rimase rinchiuso per circa due anni. Durante questo periodo, Tommaso fu sottoposto a numerose prove nel tentativo di fiaccarne la determinazione, ma ebbe anche modo di dedicarsi a tempo pieno allo studio della Bibbia, che imparò praticamente a memoria (cosa comunque non rara per i teologi medievali).

Alla fine, i suoi familiari si convinsero del fatto che Tommaso non aveva alcuna intenzione di piegarsi, così lo lasciarono andare. Questi tornò quindi a Napoli, da dove i suoi confratelli lo mandarono ad unirsi al maestro dell'ordine, Giovanni il Teutonico, il quale era in partenza per Parigi. Così, al seguito di quest'ultimo, il giovane domenicano giunse nella capitale francese nell'autunno del 1245 ed in questa città si trattenne per tre anni, nei quali studiò presso la facoltà delle arti. Nel 1248 si spostò a Colonia per studiare teologia con il suo confratello Alberto Magno.

Nel 1252, a soli 27 anni, l'Aquinate tornò a Parigi, questa volta per insegnarvi teologia. Tra il 1259 ed il 1268, risiedette in Italia, dove dapprima insegnò ad Or-vieto e successivamente a Roma.

Tra il 1268 ed il 1272, il Nostro fu nuovamente a Parigi, sempre per insegnarvi teologia all'università, per poi tornare a Napoli. Nel 1274, mentre era in viaggio per recarsi a Lione, ove avrebbe dovuto partecipare al Concilio Ecumenico ivi convocato, si ammalò gravemente. Condotto nell'abazia cistercense di Fossanova, lì morì il 7 marzo di quello stesso anno, aveva circa 49 anni.

Tommaso fu uno scrittore estremamente prolifico. Scrisse più libri di quanti la maggioranza delle persone non ne abbiano mai letti. Tra questi vanno ricordati i suoi numerosi commentari ai testi biblici ed alle opere di Aristotele, nonché le diverse Questioni disputate (frutto del suo insegnamento universitario), i vari opuscoli e le opere sistematiche di teologia. Il suo scritto più maturo e giustamente famoso è sicuramente la voluminosa Somma Teologica, rimasta però incompiuta.

Sia in vita che subito dopo la morte, l'Aquinate go-dette di ampia stima, ma fu anche osteggiato da alcuni che non ne condividevano le posizioni filosofiche e teologiche. Nel corso dei secoli, però, la sua grandezza è stata ampiamente riconosciuta, sia all'interno della Chiesa cattolica sia al di fuori di questa. Nel 1323 fu proclamato santo e nel 1567 dottore della Chiesa. Per la purezza del suo cuore e l'acutezza del suo ingegno filosofico e teologico è noto anche con il titolo di Dottore Angelico.

Filosofia e teologia

Tommaso era un teologo e, in quanto tale, era anche un filosofo. Per permetterti di comprendere questo è necessario che spenda due parole per indicare quale sia la differenza tra filosofia e teologia e in che modo, per il Nostro, queste siano connesse. La filosofia è "l'amore per la sapienza", mentre la teologia è "lo studio di Dio". La filosofia concerne la conoscenza naturale; la teologia la conoscenza sovrannaturale. La filosofia è quella scienza, quindi, che possiamo costruire facendo esclusivo uso della ragione naturale, mentre la teologia è quella scienza che si costruisce applicando la ragione naturale a quanto conosciamo attraverso la Rivelazione. Quando, ad esempio, Aristotele dimostrò l'esistenza di Dio come motore immobile (usando un argomento che, come ti mostrerò in seguito, è stato ripreso anche da Tommaso), lo fece in modo prettamente filosofico, tramite l'esclusivo uso della ragione naturale. Quando Gesù tenne il discorso della montagna, stava rivelando delle verità divine e, pertanto, di interesse della teologia. La filosofia, come scienza, è la conoscenza delle cose mediante i loro principi (o cause) ottenuta per mezzo dell'uso della nuda ragione, la teologia, sempre in quanto scienza, è la conoscenza delle cose mediante i loro principi (o cause) ottenuta per mezzo della ragione applicata alla Rivelazione.

Molti filosofi e molti teologi oggi ritengono che le discipline di cui rispettivamente si occupano siano assolutamente distinte e separate, se non addirittura contraddittorie. Tommaso d'Aquino non la pensava in questo modo. Egli riteneva ovviamente che la filosofia e la teologia fossero due scienze distinte, ma non separate e certamente non contraddittorie. Usando un'espressione diventata famosa, possiamo dire che per Tommaso la filosofia è l'*ancella* della teologia. Ciò sta ad indicare che il potere della ragione e le verità conosciute attraverso di questa sono in grado di assistere e supportare il lavoro del teologo.

Secondo il Dottore Angelico, verità come l'esistenza di Dio o l'immortalità dell'anima possono essere conosciute mediante il solo uso della ragione, il che è del resto dimostrato dal fatto che molti filosofi pagani sono arrivati a provarle senza il sostegno della Rivelazione. Possiamo chiamare tali verità filosofiche "preamboli della fede" (*preambula fidei*), in quanto fanno da "preambolo", appunto, alla fede nella Rivelazione. Ci sono invece verità che conosciamo solo attraverso la Rivelazione, come il fatto che l'unico Dio è una Trinità di Persone, che il battesimo è un sacramento di salvezza, che Gesù tornerà per giudicare i vivi e i morti, ecc. La filosofia non può dimostrare queste verità, ma può aiutarci a pensarle ed a coordinarle tra di loro.

Possiamo dire che per san Tommaso la Rivelazione dà una riposta agli interrogativi ingenerati nell'uomo dalla conoscenza dei preamboli della fede. Ad esempio: "Visto che esiste un Dio e che gli uomini hanno un'anima immortale, cosa devono attendersi?" Le domande filosofiche conducono a quelle che si pone il teologo, il quale cerca di rispondervi facendo perno sulla Rivelazione.

Devi sapere che, durante il suo insegnamento parigino, il Nostro si scontrò con alcuni colleghi i quali, rifacendosi all'interpretazione del pensiero di Aristotele che aveva dato il filosofo arabo Averroè, asserivano che le verità filosofiche, in qualche modo, contraddicessero quelle teologiche. Gli *averroisti*, così vennero chiamati costoro, asserivano che fosse possibile provare filosoficamente delle verità, come l'eternità del mondo e l'esistenza di un unico intelletto per tutti gli uomini, inconciliabili con la Rivelazione, che ci parla della creazione del mondo nel tempo e dell'immortalità delle anime individuali. Per il Dottore Angelico, però, questo non è possibile, in quando Dio è autore sia della natura che della Rivelazione, per cui le verità filosofiche e quelle teologiche non possono essere vicendevolmente contraddittorie, ma sono complementari. Per Tommaso, infatti, la "grazia perfeziona la natura", di conseguenza la "teologia perfeziona la filosofia".

La comparsa dell'averroismo aveva indotto taluni a postulare l'idea che la teologia potesse e dovesse fare a meno della filosofia. Costoro arrivarono addirittura a speculare che tutte le verità note agli uomini derivassero dall'illuminazione divina, tanto che persino il fatto che 2+3=5 ci sarebbe noto per via di detta illuminazione. Tommaso si oppose, ovviamente, anche a questo tipo di idee in nome dell'armonia tra ragione e fede e tra filosofia e teologia.

Riassumendo, per Tommaso: filosofia e teologia, come ragione e fede, sono complementari, in quando Dio è autore delle verità di cui entrambe si occupano; la filosofia si fonda sulla nuda ragione, la teologia si fonda sulla divina Rivelazione; gli averroisti erano in errore quando asserivano la contraddittorietà tra filosofia e teologia; è però un errore altrettanto imperdonabile negare le verità filosofiche al fine di difendere la teologia.

La filosofia della conoscenza

Uno dei temi su cui Tommaso ha impegnato la propria riflessione è quello legato ai meccanismi attraverso i quali gli uomini giungono alla conoscenza. Il termine con cui in genere si indica questa branca della filosofia è *gnoseologia*. La gnoseologia dell'Aquinate è relativamente semplice: se seguirai attentamente le mie parole, sarai in grado di afferrarne senza grosse difficoltà le linee principali.

Quando noi oggi pensiamo alla "scienza", ci vengono in mente discipline come la fisica o la biologia, vale a dire le cosiddette scienze sperimentali. Nella concezione di Tommaso, invece, il termine "scienza" ha un significato molto più ampio, in quanto questo si riferisce allo studio e alla conoscenza delle cose mediante i loro principi (o cause). Per questi la scienza più nobile ed elevata è la teologia, poiché racchiude tutte le verità rivelateci da Dio stesso. Ora, visto che tutte le verità derivano da Dio, tutte le "scienze" (come la filosofia, la matematica o l'etica) sono in perfetta armonia con la teologia. Ciononostante, la teologia è radicalmente differente da tutte le altre scienze, in quanto questa, per così dire, parte dall'alto, da Dio, per discendere verso il creato, mentre la filosofia si muove nella direzione opposta, partendo dagli oggetti sensibili per giungere ad una vaga ed estremamente astratta conoscenza di Dio.

Il Dottore Angelico, rifacendosi ad Aristotele, distingue tre categorie principali di scienze: le *scienze teoretiche*, le *scienze pratiche* e le *scienze produttive*. Nella prima categoria rientrano, ad esempio, la teologia, la metafisica e la matematica; nella seconda categoria l'etica e la politica; nella terza categoria l'ingegneria e la medicina. Oggigiorno, abbiamo la tendenza a considerare solo le scienze appartenenti alla terza categoria come propriamente "scientifiche", in quanto queste hanno a che fare con oggetti reali e quantificabili. Come accennavo sopra, invece, per san Tommaso sono le scienze teoretiche quelle più significative, con al vertice la teologia.

Scienza e scientismo

Ti accennavo al fatto che, oggi come oggi, si tende a dare al termine "scienza" un significato molto più ristretto di quello che gli dava Tommaso. Con questa parola, infatti, noi generalmente indichiamo cose come la fisica o la biologia. Si tratta delle scienze matematizzate basate sul metodo di ricerca sperimentale il cui scopo è la formulazione di algoritmi che ci mettano in grado di produrre delle predizioni attendibili in merito agli eventi del mondo che ci circonda.

Questo restringimento dell'accezione del termine non è casuale, in quanto riflette un atteggiamento comune dei nostri giorni: quello di considerare solamente le conoscenze forniteci dalle scienze sperimentali come razionalmente valide. Un tale atteggiamento sfocia sovente in quello che viene comunemente chiamato *scientismo*. Lo scientismo è quel pensiero che tende ad attribuire alle scienze sperimentali la capacità di rispondere a tutti gli interrogativi che l'uomo si pone o per i quali sia possibile ottenere una risposta che sia lecito definirsi razionale. Per lo scientista, ovviamente, cose come la filosofia o la teologia non hanno alcun diritto di chiamarsi scienze e, pertanto, tutto il pensiero di Tommaso non è che un insieme di vane chiacchiere.

Ai tempi di Tommaso lo scientismo non c'era ancora, in quanto questo è figlio della rivoluzione scientifica e, più in particolare, del positivismo e del neo-positivismo, due correnti filosofiche sorte molti secoli dopo il Nostro. Alla luce del suo insegnamento, però, è possibile addurre alcune argomentazioni contro di questo, al fine di restituire al termine "scienza" l'ampiezza originaria e, così facendo, difendere la dignità scientifica della filosofia e della teologia. Te ne esporrò sei. Prima di iniziare a leggerle, prendi un respiro profondo.

La prima ragione per prendere le distanze dal punto di vista degli scientisti è piuttosto banale: coloro che lo difendono sembrano non rendersi conto del fatto che lo scientismo stesso non si attiene a quella che è la sua regola fondamentale. L'idea secondo cui solo le conoscenze acquisite tramite il metodo di ricerca sperimentale possano essere considerate vere non è stata e non può essere dimostrata mediante il metodo di ricerca sperimentale.

Il secondo argomento contro lo scientismo consiste nel fatto che, nonostante il metodo di ricerca sperimentale ci abbia fornito e continui sempre più a fornirci delle conoscenze estremamente affidabili, ciò non implica automaticamente che tutti gli altri metodi di ricerca siano inaffidabili. Lo scientismo stesso propone una dottrina che, come ho accennato sopra, non può essere provata mediante il metodo di ricerca scientifico e la cui verità, pertanto, dovrà essere dimostrata mediante un qualche altro metodo. Di conseguenza, se lo scientismo è vero, allora è falso.

La terza ragione per rifiutare lo scientismo può essere riassunta nei termini che seguono. La conoscenza fornitaci dalle scienze sperimentali non è una forma di conoscenza in qualche modo superiore alle altre. Questa potrà essere più facilmente testabile, ma ha altresì una portata molto ristretta e dovrà essere necessariamente affiancata da altri tipi di conoscenza. Considera questo esempio: il metal detector è lo strumento più affidabile quando si tratta di localizzare il metallo, ma al mondo c'è molto più del metallo. Uno strumento progettato per individuare un tipo particolare di oggetti potrà individuare solo quelli e svolgerà sicuramente questo compito in modo incomparabilmente superiore agli strumenti progettati per altri scopi. Questo non significa però che solo quello che questo strumento ci mette in grado di individuare goda di un'esistenza reale, così come non significa che tutti gli strumenti progettati per svolgere altri compiti non godano di alcuna utilità. Il metodo di ricerca sperimentale è stato elaborato al fine di permetterci di formulare algoritmi capaci di produrre predizioni il più possibile precise in merito agli eventi del mondo fisico, ma questo non significa che quanto noi possiamo conoscere tramite queste formule sia tutto quello che esiste o che vale la pena conoscere.

Il quarto argomento contro lo scientismo risiede nella constatazione che le scienze sperimentali si occupano di oggetti materiali, ma richiedono delle cose immateriali come la logica e la matematica per poter funzionare. Se la logica non fosse che una serie di scariche elettriche nel nostro cervello, la buona logica potrebbe essere altrettanto ingannevole della cattiva logica. La logica e la matematica non sono qualcosa di fisico e, pertanto, non possono essere sperimentalmente testate. Ciononostante, le scienze sperimentali si servono della logica e della matematica per interpretare i dati forniti dalle osservazioni e dagli esperimenti condotti in laboratorio.

Il quinto argomento contro lo scientismo consiste nel fatto che le scienze sperimentali non sono in grado di fornirci una spiegazione esaustiva della realtà. Le leggi della natura in cui queste si esprimono, infatti, non sono in grado di darci la spiegazione ultima della stessa. Le scienze sperimentali, spiegando i fenomeni in base a specifiche leggi riassumibili in termini matematici, sono lungi dal dirci che cosa queste leggi siano, perché funzionino e da dove vengano. Presupponendo per il proprio lavoro l'esistenza delle leggi della natura, tutte queste sono questioni che le scienze sperimentali non possono risolvere.

La sesta ragione per rifiutare lo scientismo consiste nel fatto che le scienze sperimentali ci dànno della realtà un'immagine terribilmente astratta, fatta di equazioni che ci mettono in grado di fare i conti con la struttura fondamentale degli eventi, lasciandoci però completamente all'oscuro sulla reale natura di questi. Le scienze sperimentali ci forniscono la struttura astratta del mondo materiale, ma non ci dicono nulla a proposito di ciò che possiede quella struttura. Siccome non c'è nulla che sia una struttura in sé, ci deve essere un qualcosa che possiede tale struttura. Pertanto, il fatto stesso che le scienze sperimentali ci descrivano la struttura matematica della realtà fisica ci indica che la realtà va oltre tale struttura matematica e che le suddette scienze sperimentali non ci forniscono un'immagine esaustiva della natura.

I cinque sensi come fonte della conoscenza

Noi non nasciamo con delle conoscenze innate. Per usare un'analogia tratta dal mondo dei computer, che ti è sicuramente molto più familiare della vetusta terminologia latina utilizzata da Tommaso, alla nascita la nostra mente è un disco rigido completamente vuoto. Ciononostante, questa è già orientata verso la verità. Proseguendo lungo la linea dell'analogia con i nostri computer, potremmo dire che veniamo al mondo già con un sistema operativo preinstallato che ci metterà in grado di elaborare i dati, ma senza nessun dato nella nostra memoria. Come ci procuriamo i dati? Attraverso i cinque sensi, vale a dire la *vista*, l'*olfatto*, l'*udito*, il *gusto* ed il *tatto*. (A questi che sono i sensi esterni, Tommaso aggiunge anche quattro sensi interni, ma qui non ne tratterò per non complicare il discorso)Tramite i sensi i dati giungono all'intelletto e vengono da questo elaborati. I sensi forniscono i dati, il nostro "sistema operativo" (l'intelletto agente) li processa ed il prodotto di questa elaborazione viene archiviato nel disco rigido (la memoria).

Devi sapere che san Tommaso ci dà una descrizione molto articolata di come la conoscenza giunga dai sensi all'intelletto. Qui te ne proporrò un riassunto davvero essenziale. Si tratta di un processo che avviene in tre passi. Quando percepiamo un oggetto, tramite la sensazione, la nostra mente compone un'immagine sensibile. Tommaso paragona la sensazione alla cera su cui si imprime un sigillo. Il passo successivo spetta all'immaginazione. Questa produce un'immagine mentale dell'oggetto percepito, quello che nella tradizione scolastica vie ne detto *fantasma*. Successivamente, l'intelletto estrae l'informazione dal *fantasma* attraverso quello che viene detto processo di astrazione.

San Tommaso è ciò che oggi diremmo un "realista". Il *realismo* è quella posizione filosofica che riconosce valore oggettivo alla conoscenza umana. Egli, infatti, mostra che la nostra conoscenza ha carattere *intenzionale* (fai attenzione: in questo contesto il termine "intenzionale" non ha a che vedere con la volontà, come quando si parla di "comportamento intenzionale"), ossia ha sempre di mira gli oggetti e non è semplicemente specchio di se stessa. San Tommaso critica vivacemente la concezione soggettivistica della conoscenza, per cui nel conoscere si sarebbe consapevoli solo delle proprie impressioni. A suo parere, una tale opinione risulta chiaramente falsa quanto meno per due motivi. Primo, perché l'oggetto della nostra intellezione si identifica con l'oggetto delle scienze. Se dunque la nostra mente, per usare un'immagine cara a Sofia Vanni Rovighi, non fosse che una sorta di stanza chiusa ammobiliata di idee, ne seguirebbe che tutte le scienze non avrebbero per oggetto le cose reali esistenti fuori dell'anima, ma soltanto le idee. Secondo, perché ne seguirebbe l'errore di quei filosofi antichi e moderni (vedi gli odierni relativisti) i quali affermano che la verità è ciò che sembra a ognuno, di modo che sarebbero vere anche asserzioni tra loro contraddittorie.

San Tommaso, a parte le riflessioni a cui ho appena accennato, non dedica praticamente alcuna attenzione, nelle sue opere, ad una difesa del realismo. Questi, rifacendosi al senso comune, dà, per così dire, per scontate l'esistenza di un mondo esterno indipendente dalla nostra percezione e la possibilità per noi di averne una conoscenza diretta. Solo molti secoli dopo di lui, infatti, Renato Cartesio avrebbe sollevato il cosiddetto *problema critico*, proponendo il *dubbio assoluto* come punto di partenza della filosofia.

Forse, mio caro cugino, avrai letto o sentito parlare del famoso demone maligno di Cartesio. Se invece non lo hai mai sentito nominare, non importa, tanto ti dico subito io di che si tratta. Cartesio, filosofo e matematico francese, per giustificare il dubbio assoluto, asserisce che, per quanto ne sappiamo, tutte le nostre conoscenze potrebbero essere semplicemente illusorie, in quanto frutto di un inganno esercitato da un potentissimo demone maligno sulla nostra coscienza. Noi potremmo quindi vivere in una sorta di sogno indotto dal succitato demone e, di fatto, come nei sogni notturni, tutto ciò di cui facciamo esperienza potrebbe non godere di nessuna esistenza reale.

Molti seguaci del pensiero di Tommaso, soprattutto durante il secolo scorso, hanno formulato critiche dettagliatissime a questo argomento filosofico. Comprenderai che in questa sede non posso cimentarmi nell'impresa di presentartele in modo compiuto.

Mi limiterò pertanto a dire che il motivo per cui Tommaso non sarebbe stato molto impressionato dall'argomento cartesiano risiede fondamentalmente nel fatto che il suddetto fonda la sua presunta efficacia su una sovrapposizione tra la *possibilità logica* e la *possibilità causale*. È forse possibile, da un punto di vista logico, che in effetti tutto ciò di cui noi facciamo esperienza non sia che il frutto di un inganno perpetrato da un potentissimo demone maligno, ma ciò non appare affatto causalmente possibile. Ti spiego: una cosa è logicamente possibile se non è contraddittoria, mentre è causalmente possibile se può verificarsi nel mondo così come noi lo conosciamo. Se un tale demone esistesse, qualcosa dovrebbe averne causato l'esistenza. Se Dio esiste, ovviamente, egli può tutto e per lui, in effetti, la possibilità causale corrisponde alla possibilità logica. Dio potrebbe causare quindi anche l'esistenza del nostro demone maligno. Ora, però, che Dio esiste, secondo san Tommaso, noi non lo possiamo sapere a priori, a prescindere da ogni conoscenza acquisita, ma solo a posteriori, a partire cioè dalla nostra conoscenza del mondo. È la nostra conoscenza del mondo a produrre in noi la conoscenza dell'esistenza di Dio e della sua onnipotenza, per cui, guardando le cose da questa prospettiva, c'è un'enorme differenza tra la possibilità causale e quella logica e, di conseguenza, l'ipotesi del demone maligno di Cartesio non può in alcun modo produrre in noi un ragionevole dubbio in merito all'esistenza reale degli enti che ci circondano. A partire dalla conoscenza del mondo, possiamo certamente giungere, come ti illustrerò più sotto, alla conoscenza dell'esistenza di Dio, ma, a questo punto, l'ipotesi del demone maligno è già fuori gioco, in quanto, anche ammesso che questa non sia contraddittoria (e che effettivamente sia possibile da un punto di vista logico), non trova spazio all'interno del rapporto tra Creatore e creazione così come possiamo ricostruirlo mediante le argomentazioni filosofiche.

A questo punto, temo tu possa essere un po' smarrito. Forse è meglio approfondire la questione. Un cerchio quadrato è un qualcosa di impossibile, in quanto contraddittorio: mai e poi mai potrà esistere un qualcosa del genere. Una montagna d'oro è certamente possibile da un punto di vista logico, in quanto non c'è nulla di contraddittorio nel suo concetto, ma non sembra che lo sia da un punto di vista causale, almeno allo stato attuale delle nostre conoscenze. I geologi ci dicono che le leggi che regolano la formazione delle montagne, infatti, non sembrano permettere l'esistenza di una montagna d'oro, mentre permettono che ci siano delle montagne di dolomite, per esempio. Una montagna di dolomite è, pertanto, un qualcosa di possibile da un punto di vista causale.

Ora, se Dio esiste, egli può tutto, vale a dire che può fare tutto quello che non è contraddittorio. Per Dio la possibilità causale e quella logica sono la medesima cosa. Per Cartesio l'esistenza di Dio è un dato che è possibile stabilire "a priori". Per costui, è possibile provare che Dio esiste a prescindere da ogni nostra esperienza. Ora, quindi, dal suo punto di vista, l'esistenza di un demone maligno in grado di ingannarci sistematicamente è un qualcosa di causalmente possibile fin dall'inizio della ricerca filosofica e, pertanto, il primo problema che tale ricerca si trova costretta a dover risolvere è proprio quello relativo all'affidabilità della nostra conoscenza del mondo. Come chiarirò più sotto, però, per Tommaso quella relativa all'esistenza di Dio non è una verità che è possibile stabilire a priori (ma solo a posteriori, a partire cioè da quanto conosciamo del mondo), quindi, la possibilità dell'esistenza del demone di Cartesio non è di tipo causale, ma solamente logico. Ne ricaviamo che, dal punto di vista tomistico, quello del demone di Cartesio non è un argomento sufficiente a produrre in noi un ragionevole dubbio in merito all'affidabilità della nostra conoscenza del mondo.

Per ovviare a questo difetto dell'argomento di Cartesio come critica al realismo, ci si potrebbe rifare a quello, elaborato dal filosofo contemporaneo Hilary Putnam, del cervello in una vasca. Se hai visto il film *Matrix*, non ti sarà molto difficile comprenderlo. Immaginiamo che uno scienziato pazzo disponga della tecnologia in grado di mantenere in vita un cervello umano immerso in una vasca colma di sostanze nutritive e di fornire al medesimo, tramite un sofisticatissimo computer, degli impulsi elettrici identici a quelli ricevuti da un cervello normale. Il cervello in una tale situazione vivrebbe quindi in una realtà simulata, continuando ad avere esperienze perfettamente consce (come quelle di una persona col cervello all'interno del corpo), senza però che queste siano collegate a cose o eventi nel mondo reale. Ora, per quanto ne sappiamo, tutti noi potremmo non essere che cervelli in una vasca. Di conseguenza, tutte le nostre esperienze sensoriali potrebbero non essere che illusorie.

Questo argomento ha il pregio di apparire possibile anche da un punto di vista causale oltre che logico, d'altro canto però, proprio in ragione di ciò, non è un vero e proprio argomento contro il realismo, ma anzi, per funzionare, lo presuppone. È vero, infatti che, in tale scenario, noi saremmo vittime di una sorta di inganno globale, ma è altresì vero che in questo rimarrebbero fondamentalmente validi tutti gli assunti filosofici tipici del pensiero aristotelico-tomistico di cui andrò trattando nelle pagine che seguono. Il che, non me ne volere, mi esime, in questa sede, dal produrne una critica circostanziata.

Atto, potenza, sostanza ed accidente

Prima di proseguire nell'illustrazione della teoria della conoscenza di Tommaso, è necessario che mi soffermi a presentarti alcuni aspetti della sua filosofia che con questa hanno un nesso diretto. Prima di tutto, mi occuperò dei concetti di *atto*, *potenza*, *sostanza* e *accidente*. A seguire tratterò, invece, della concezione tomistica di causa. Mettiti comodo e reggiti forte: vado a cominciare.

Non c'è cosa più comune, nel mondo di cui facciamo esperienza, del mutamento. Tutto attorno a noi e dentro di noi muta, si muove. Le foglie che cadono dagli alberi, il vento che ne scuote i rami, lo sciogliersi delle nevi in primavera, il susseguirsi dei nostri pensieri e delle nostre azioni, ecc. Tutto ciò, però, sembra essere in contraddizione con l'*essere* delle cose. Quello che diviene, infatti, non è ancora; quello che già è non può divenire ciò che già è.

Per venire a capo di questo problema, agli albori della storia della filosofia, furono elaborate due opposte soluzioni. Parmenide, per affermare l'essere delle cose, negò il divenire, dichiarandolo pura illusione dei sensi. L'ente (ciò che è) è non solo unico e immoltiplicabile, ma immutabile ed eterno: molteplicità e mutabilità sono solo apparenti. Eraclito invece, per affermare il divenire delle cose, ne negò l'essere. La realtà delle cose non è che movimento, un farsi continuo, un puro divenire, senza soggetto e senza causa, senza principio e senza fine. L'essere, come qualche cosa di stabile e permanente, è una finzione della nostra mente.

A risolvere questa antinomia pensò Aristotele: il mutamento non è il passaggio dal puro nulla all'essere, ma è il passaggio dall'*essere in potenza* all'*essere in atto*. Il ghiaccio (solido) è in potenza acqua (liquido) e lo sciogliersi del ghiaccio è un passare dalla potenza all'atto. Il diventare acqua è una delle cose che possono capitare al ghiaccio, o meglio: l'essere solida (sotto forma di ghiaccio) e l'essere liquida sono cose che possono capitare all'acqua. Ogni cosa che muta, quindi, è un composto di atto e potenza.

Nel divenire dell'acqua da solida (ghiaccio) a liquida c'è un qualcosa che permane ed un qualcosa che cambia; il soggetto che permane sotto (*quod substat*) queste mutazioni viene detto *sostanza*, mentre quel che di nuovo vi si aggiunge (*quod accidit*) viene detto *accidente*. Che la sostanza e l'accidente siano due realtà distinte si evince dal fatto che l'acqua rimane tale a prescindere dal fatto che sia solida o liquida. Ora, se la sostanza esiste per proprio conto, l'accidente esiste solo in quanto inerisce ad una sostanza: la liquidità e la solidità non esistono se non in quanto stati dell'acqua (o di altre sostanze). Vi sono vari tipi di accidenti che possono inerire ad una sostanza (un uomo, per esempio), Aristotele ne individua nove: *quantità* (un metro e settanta), *qualità* (bianco o filosofo), *relazione* (figlio di Tizio), *luogo* (a casa), *tempo* (anno di nascita), *situazione* (star seduto), *avere* (indossare un mantello), *agire* (bagnare), *subire* (essere bagnato). Assieme alla sostanza, i nove accidenti costituiscono le dieci categorie, o generi sommi, in cui si suddivide tutto ciò che è.

Materia e forma

La prima cosa che devi aver chiara prima di affrontare la dottrina tomistica relativa alle quattro cause è che in questa il termine "causa" ha un senso più ampio di quello che, in genere, gli diamo noi moderni. Per Tommaso, infatti, un qualcosa è causa di altro nella misura in cui contribuisce in qualsiasi modo alla sua esistenza.

Tutti gli enti materiali sono composti di *materia* e *forma*, le quali costituiscono le cause intrinseche degli stessi. La forma e la materia sono, per così dire, l'idea ed il sostrato concreto che compongono le cose di cui facciamo esperienza attraverso i sensi. È questo quello che viene detto *ilemorfismo* (dai termini greci *ile*, materia, e *morfé*, forma), uno dei tratti più caratteristici della filosofia aristotelico-tomistica.

Prendiamo, a titolo d'esempio, una biglia di metallo. Il metallo è la materia di cui la biglia è fatta, mentre la sua sfericità è la forma. Per tornare all'esempio del ghiaccio, l'acqua è la materia di cui questo è fatto, mentre la solidità è la sua forma qualitativa, alla quale si aggiungeranno una forma locale, una forma temporale, una forma situazionale, ecc.

Quelle di cui ho parlato sopra sono forme accidentali inerenti ad una sostanza. La sostanza, infatti, è la materia a cui ineriscono le forme accidentali. La sostanza, però, è una materia seconda, in quanto anche questa è, a sua volta, un composto di materia (prima) e forma. Oltre al mutamento accidentale, infatti, esiste anche un mutamento sostanziale. L'acqua, ad esempio, nasce dalla fusione di idrogeno ed ossigeno; quando questa fusione avviene, con essa avviene un mutamento sostanziale: al posto dell'idrogeno e dell'ossigeno compare l'acqua. Se il mutamento accidentale avviene per via dell'acquisizione di una forma accidentale da parte di una sostanza, il che produce il passaggio di detto accidente dalla potenza all'atto, per rendere ragione del mutamento di una sostanza in un'altra dobbiamo supporre che ci sia un sostrato più profondo in grado di perdere ed acquisire le forme sostanziali. Tale sostrato è ciò che Aristotele e Tommaso chiamano *materia prima*. La materia prima non può esistere allo stato puro, in quanto ciò implicherebbe l'esistenza di una pura potenzialità, il che è impossibile. L'esistere di una cosa, infatti, dipende dalla sua attualità e, come ho detto sopra, il passaggio dalla potenza all'atto avviene mediante l'acquisizione di una data forma da parte di una determinata materia. Una materia priva di ogni forma, quindi, non può esistere.

La materia funge anche da *principio di individuazione* delle sostanze materiali. Che cosa significa questo? Significa che due o più sostanze materiali essenzialmente identiche, come potrebbero esserlo, ad esempio, due o più molecole d'acqua, si distinguono tra di loro in ragione del fatto che ognuna occupa una porzione diversa di materia. Ciò che distingue le sostanze materiali, però, non è la materia in senso generale, bensì la *materia quantitate signata*. Che cosa si intende con questa espressione latina? Darti una risposta esaustiva a tale interrogativo mi porterebbe a dover affrontare in modo particolareggiato uno dei temi più complessi della filosofia della natura tomistica, ti basti quindi sapere che con questa espressione si vuole indicare la materia estesa, ossia la materia che, entrando in composizione con la forma, è di volta in volta sottoposta a una determinazione quantitativa.

Tieni sempre bene a mente, carissimo, che quando Tommaso parla di "materia" non si riferisce affatto a quello che in genere si intende oggi indicare con questo termine, vale a dire la "massa" di cui ci parlano i fisici, intesa come una determinata quantità di materia. Quando Aristotele e Tommaso parlano di "materia" non intendono questo, ma intendono indicare quel principio che permette appunto alla massa di essere quantificabile (in quanto la quantità è uno degli accidenti degli enti materiali in quanto materiali). Per intenderci, in senso aristotelico, lo stesso spazio vuoto di cui ci parla Einstein, data la sua natura "plasmatica" (che lo rende soggetto a contrazione, dilatazione e curvatura), è un qualcosa di materiale, anche se privo di massa.

Il problema del riduzionismo

A margine di quanto ho appena detto a riguardo della sostanza e degli accidenti, della causa formale e della causa materiale, mi preme affrontare un problema particolare: quello della tentazione riduzionistica insita nel nostro modo di approcciarci alla realtà delle cose, erede di una concezione della natura di tipo meccanicistico derivata dalla cosiddetta rivoluzione scientifica. Secondo san Tommaso, fedele al senso comune, infatti, il mondo è costituito da oggetti macroscopici, i quali hanno un'esistenza reale in quanto tali. I tavoli esistono in quanto tavoli, i gatti in quanto gatti, le pietre in quanto pietre, la luna in quanto luna, ecc. La moderna visione scientifica del mondo, però, sembra, per taluni versi, aver messo in crisi questo modo di vedere le cose.

Come ebbe a dire una volta il celebre scienziato Sir Arthur Eddington, quello che percepiamo come un tavolo di fronte a noi, quello che appare tanto solido, in realtà sarebbe costituito per la maggior parte di spazio vuoto nel quale si agitano un numero estremamente elevato di particelle microscopiche, interagenti tra di loro in modo tale da darci appunto l'impressione che quello che vediamo sia in effetti un oggetto macroscopico dotato di determinate caratteristiche direttamente percepibili dai nostri sensi. Detto nei termini di san Tommaso, il tavolo non sarebbe altro che un insieme accidentale di particelle microscopiche, le quali interagendo tra di loro ci darebbero solo l'impressione che questo esista come un oggetto macroscopico. Il tavolo in sé, però, non avrebbe nulla di sostanziale, le uniche sostanze sarebbero le particelle che accidentalmente lo compongono. E questo non varrebbe, ovviamente, solo per il tavolo, ma per tutti gli oggetti macroscopici di cui è popolata la nostra esperienza sensibile.

Ora, se il tavolo, per così dire, è "sacrificabile", nel senso che potremmo pure accettare, in linea di principio, l'idea che in realtà la sostanzialità del tavolo sia solo apparente e che questo non sia che il frutto accidentale dell'interazione di un determinato numero di particelle all'interno di uno spazio quasi totalmente vuoto, la cosa diventa un po' più complicata quando notiamo che, in fondo, anche noi ed i nostri simili siamo degli oggetti macroscopici. Pensaci un attimo: che cosa ne sarebbe, ad esempio, della nostra identità personale e della responsabilità morale dei nostri atti, se noi non fossimo che l'insieme accidentale di un determinato numero di microscopiche particelle vorticanti in uno spazio vuoto? Quasi ad ogni istante della nostra vita, infatti, l'insieme delle particelle che costituiscono i nostri corpi varia. I nostri corpi sono in rapporto con l'ambiente che ci circonda, attuando con questo uno scambio continuo di particelle. Se noi non siamo che un insieme accidentale di particelle e non abbiamo alcuna unità sostanziale costante nel tempo, ciò che siamo in questo momento non corrisponde a ciò che eravamo ieri o a ciò che saremo domani e, di fatto, ieri noi non eravamo e domani non saremo più.

Il problema qui sorge dal fatto di voler considerare ciò di cui gli enti macroscopici sono composti, vale a dire le particelle microscopiche, come in qualche modo più reale di questi. A pensarci bene, però, si tratta di un errore grossolano. Si presuppone, infatti, che le entità ontologicamente più povere siano più reali di quelle ontologicamente più ricche. Nessuno di noi ha mai visto né mai vedrà le particelle elementari, ne deduciamo l'esistenza in ragione degli effetti che queste producono sugli strumenti di cui gli scienziati si servono per indagare la struttura fondamentale della materia. Di fatto le particelle elementari e gli atomi che queste formano non hanno nessuna delle caratteristiche godute dagli enti macroscopici di cui facciamo esperienza (come colore, sapore, odore, ecc.). Le particelle, poi, non godono nemmeno delle caratteristiche di cui godono gli atomi, come una dimensione, un peso ed una particolare configurazione. Queste sono, appunto, ontologicamente estremamente povere se paragonate agli enti macroscopici.

Secondo la prospettiva di san Tommaso, solo gli enti macroscopici esistono attualmente, mentre le particelle che li compongono hanno un'esistenza di tipo *virtuale*, vale a dire che esistono potenzialmente, ma ciononostante mantengono le loro virtù proprie. Gli atomi e le molecole di cui, ad esempio, è fatto un gatto sono sempre lì (in modo potenziale), anche se assorbiti, per dir così, nella sostanza, ontologicamente molto più ricca, del gatto e tornano ad avere un'esistenza pienamente autonoma (un'esistenza attuale), nel momento in cui, per qualche motivo, si separano dal gatto. Queste esistono in modo virtuale perché, pur essendo in potenza, mantengono le loro virtù proprie. Ad esempio, se metto un pezzo di carne nel forno a microonde, questo si cuocerà, in quanto le microonde faranno bollire l'acqua potenzialmente presente nello stesso. Ciò avverrà perché l'acqua è presente in modo virtuale nella carne, cioè mantenendo le sue virtù in quanto acqua.

Ne deriva che gli oggetti macroscopici, come vuole il senso comune, sono assolutamente reali, essendo delle vere e proprie sostanze o composti di sostanze, e non sono semplicemente ciò che risulta dall'interazione dei corpuscoli che li compongono. All'interno degli oggetti macroscopici, infatti, tali corpuscoli esistono solo virtualmente, e non attualmente, e la loro esistenza muta in attuale solo nel momento in cui, per qualche ragione, si separano dai primi o questi vengono a cessare in quanto sostanze.

In anni recenti, alcuni hanno cercato di rendere ragione delle differenze tra le proprietà godute dagli oggetti macroscopici e quelle godute dai loro componenti mediante la teoria dell'*emergentismo*. Secondo questa, gli enti macroscopici emergerebbero dall'interazione delle entità più semplici che li compongono, le quali in se stesse non godono delle proprietà dei primi (gli esseri viventi, ad esempio, si riproducono, il che non vale per le particelle di cui sono fatti i loro corpi). Tale teoria non riesce però a giustificare la radicale differenza tra le nuove sostanze e gli elementi che le compongono e non fa che dirci che delle proprietà emergono al livello degli oggetti macroscopici, senza dirci nulla sul perché ciò avvenga. L'emergenza di determinate proprietà non può spiegare sé stessa. Come ho cercato di mostrarti, invece, la teoria della forma sostanziale e dell'esistenza virtuale delle particelle all'interno di un ente macroscopico riesce a farlo in modo soddisfacente.

Causa efficiente e causa finale

La distinzione tra forma e materia era già stata individuata da Platone. Oltre alla causa materiale ed alla causa formale, Aristotele ne individuò altre due: la *causa efficiente* (o *agente*) e la *causa finale*. Per tornare all'esempio della biglia di metallo, la causa efficiente è il fabbro che l'ha fusa, mentre la causa finale è lo scopo per cui il fabbro ha prodotto la biglia, come, ad esempio, il suo utilizzo all'interno di un flipper.

Se il concetto di causa efficiente non desta grossissimi problemi rispetto alla nostra mentalità moderna, lo stesso non si può dire per quello di causa finale. Vale quindi la pena che spenda due parole a questo proposito. Per Aristotele e Tommaso, tutto ciò che è causato, in quanto causato, lo è in ragione di quattro cause (nel caso degli enti immateriali, però, al posto della materia e della forma, Tommaso pone l'essenza e l'esistenza). Anche gli agenti che non sono dotati di un intelletto agiscono in base ad un fine, questo perché, se un agente non fosse orientato verso un determinato effetto, non ci sarebbe una ragione per cui dovrebbe fare *questo* anziché *quello*. Un elettrone, per esempio, respingerà sempre un'altra particella di carica negativa che giunga nella sua prossimità. Un elettrone agirà sempre in un certo modo (respingendo le particelle di carica negativa) anziché in un altro (attraendo le particelle di carica negativa). L'elettrone, quindi, farà *questo* piuttosto che *quello*.

La causa finale è quella che ci mette in grado di spiegare il comportamento regolare degli enti. Questa è cioè il motivo per cui, posto in una determinata condizione, un ente tenderà ad agire sempre o perlopiù secondo un determinato modo. Ciò perché tutti gli enti dispongono di una determinata inclinazione a comportarsi in uno specifico modo anziché in un altro.

Avrai sentito certamente affermare, nel corso dei tuoi studi, che la rivoluzione scientifica, con il suo specifico metodo di indagine, avrebbe dimostrato l'inconsistenza del concetto stesso di causa finale. Come ti ho appena mostrato, però, lungi dall'essere stato superato dalla scienza moderna, il concetto di causa finale, inteso come tendenza intrinseca dei vari enti verso determinati effetti, è l'unica cosa che possa fornire una qualche fondazione razionale al concetto di legge fisica. Allora, perché si è soliti dire che la scienza moderna lo avrebbe vanificato? Perché il metodo di ricerca scientifico, più che al perché delle cose, punta a comprenderne il come, al fine di produrre delle formule matematiche che, applicate alla nostra conoscenza della realtà, ci mettano in grado di fare delle predizioni il più possibile precise in merito alla medesima. Il metodo scientifico, quindi, non prende in considerazione le cause finali. Ciò ha indotto ed induce molti a ritenere che il suddetto, visti i grandi successi ottenuti dalla scienza moderna proprio per suo merito, ne avrebbe dimostrato l'inconsistenza. Una legge, però, non spiega se stessa. La scienza produce delle formule che hanno lo scopo di descrivere il comportamento degli enti fisici, ma non ci dice perché gli enti fisici abbiano la tendenza, in circostanze analoghe, a comportarsi in modo analogo, il che è proprio quello che fa invece la causa finale.

Prenditi un po' di tempo per rimuginare su quanto hai appena letto, poi passa al capitolo successivo.

Catene causali

Le cause possono disporsi secondo catene. È una catena causale, per esempio, quella che ha portato alla nostra nascita. I nostri genitori, infatti, erano stati generati dai loro genitori, i loro genitori dai propri genitori, questi dai loro genitori, e così via potenzialmente all'infinito.

Ho scritto che la catena succitata potrebbe estendersi potenzialmente all'infinito perché questa è una catena causale di quelle che Tommaso definisce *per accidens*. Si tratta di quelle catene causali in cui le cause che le compongono hanno un solo rapporto causale e in cui la molteplicità è soltanto qualche cosa di accessorio e di occasionale; un uomo che generi un altro uomo, che ne generi un altro, che ne generi un altro ancora: tutti questi uomini generano perché uomini e non perché figli di altri uomini.

Diverso è il caso di quelle che san Tommaso chiama cause *in se*, in cui la concatenazione delle cause è essenziale ed in cui non si può procedere all'infinito, in quanto le cause intermedie tra la causa prima e l'effetto finale hanno solo un valore strumentale. È questo il caso in cui Tizio, avendo bisogno di dieci euro, li chiedesse in prestito ad un suo amico, il quale, a sua volta, non disponendo di suo della cifra indicata, la chiedesse in prestito ad un altro amico, il quale, non disponendo nemmeno lui della suddetta cifra, la chiedesse in prestito ad un altro amico... È qui evidente che, o si arriverà a qualcuno che possiede i dieci euro, oppure Tizio non vedrà mai i dieci euro di cui ha bisogno. Questo tipo di catena causale, quindi, non può procedere all'infinito.

Siamo ancora, comunque, nell'ambito di quella che Tommaso chiama *causa fiendi*. Le cause di cui ti ho parlato fino ad ora, infatti, sono causa del sorgere dei propri effetti i quali, successivamente, possono continuare a sussistere a prescindere dall'esistenza delle suddette cause: una volta che ha ricevuto i suoi dieci euro, Tizio continuerà a possederli anche se colui che glieli ha prestati dovesse morire.

Ci sono delle catene causali *in se*, quelle facenti capo a delle *cause essendi*, per cui quanto appena detto però non vale. Tali cause sono responsabili del permanere dei loro effetti e questi vengono meno appena vengono meno le prime. Ad esempio, il mio scrivere attuale dipende dalla mia attuale causalità di scrivere; appena sospendo questa attività, lo scrivere, l'azione attuale dello scrivere, scompare. Il mio scrivere dipende attualmente dall'azione della penna, l'azione della penna dall'azione della mia mano, l'azione della mia mano dalla mia volontà di scrivere. Se tolgo la mia volontà di scrivere, tolgo l'azione della mano; se tolgo l'azione della mano, tolgo l'azione della penna; se tolgo l'azione della penna, tolgo l'azione dello scrivere.

Il principio di proporzionalità della causa

Nessuno può dare ciò che non ha. Questo è ciò che viene detto principio di proporzionalità della causa. Per tornare all'esempio dei dieci euro citato sopra, se una persona mi chiede in prestito tale cifra, io potrò dargliela solamente qualora ne sia già in qualche modo in possesso.

Ora, io posso avere una banconota da dieci euro (o due da cinque, o tante monete di vario taglio per un ammontare di dieci euro), ed in tal caso mi basterà darla a colui che mi richiede il prestito per far sì che costui possieda attualmente i dieci euro. Potrei invece firmargli un assegno di dieci euro in modo che questi possa ritirare la suddetta somma presso uno sportello bancario. Qualora non possedessi i dieci euro in contanti e non li avessi sul mio conto corrente bancario, potrei, come nell'esempio succitato, chiederli in prestito a qualcuno per poterli a mia volta prestare a chi me ne fa richiesta. Potrei altresì, ammesso che la Banca Centrale Europea me ne avesse concesso l'autorità, stampare direttamente una banconota da dieci euro. Questi sono tutti modi in cui io, in quanto causa del possesso dei dieci euro da parte della persona che me li ha chiesti in prestito, posso possedere quanto prodotto nell'effetto. Nel primo caso, quello in cui semplicemente prendessi dieci euro dal mio portafogli e li dessi alla persona che me ne fa richiesta, sarei in possesso dei dieci euro in modo *formale*, in quanto possessore di una istanza concreta del modello formale "dieci euro". Nel caso in cui firmassi un assegno di dieci euro o prendessi in prestito tale somma da un amico, sarei in possesso dei dieci euro in modo *virtuale*, in quanto pur non possedendola attualmente avrei la possibilità di fare in modo che colui che mi chiede il prestito entri in possesso di detta somma. Nel caso in cui avessi il potere di stampare io stesso una banconota da dieci euro con valore legale, sarei in possesso dei dieci euro in modo *eminente*, in quanto non avrei, come negli altri due casi, solamente la possibilità di prendere dieci euro in qualche modo già esistenti e darli a colui che mi richiede il prestito, ma potrei causare l'esistenza stessa della somma da dare in prestito. Ecco i tre differenti modi in cui l'effetto può esistere nella causa.

Che non si possa dare ciò che non si ha sembra una verità scontata. Non ti sembra forse ovvio che se non ho dieci euro non potrò mai prestarli a chiunque me ne faccia richiesta? Ciononostante, ci sono taluni che asseriscono che un tale principio non vale per il mondo dalla natura. Per costoro, per esempio, dall'inorganico può scaturire l'organico e la materia inerte può generare la vita. Non ti sembra assurdo?

Ma perché oggi allora tanti la pensano in questo modo? Per via della mentalità scientistica di cui è impregnata la cultura contemporanea. La scienza sperimentale ha conseguito talmente tanti successi in questi ultimi secoli e ci ha donato talmente tante cose che, oggettivamente, ci hanno migliorato la vita, da indurre molti a ritenere che questa possa rispondere ad ogni tipo di interrogativo e che le spiegazioni scientifiche siano le uniche veramente valide. La scienza sperimentale, però, si fonda su una metodologia che per principio tende a prendere in considerazione solamente gli aspetti quantitativi della realtà. Chi ritiene che le uniche spiegazioni valide siano quelle di tipo scientifico, tenderà a pensare ad ogni cosa come la semplice somma delle sue parti. Come ho accennato sopra, però, questo modo riduzionistico di pensare comporta dei seri problemi. Ovviamente, se noi non fossimo che il semplice agglomerato delle particelle che ci costituiscono, non ci sarebbe propriamente un qualcosa in noi non contenuto nelle stesse. In tal caso, però, la nostra stessa identità personale se ne andrebbe a farsi benedire. Ci sono delle perfezioni che ci appartengono in quanto persone che non possono essere ricondotte a quelle delle particelle che ci compongono e che, pertanto, per il principio di proporzionalità della causa, troveranno la loro spiegazione altrove.

Intelletto possibile ed intelletto agente

San Tommaso condivide l'idea di Aristotele secondo cui alla nascita la nostra mente è completamente vuota. Questa ha la potenzialità di conoscere le cose, ma non ha ancora alcuna conoscenza. Ecco il motivo per cui l'Aquinate parla dell'intelletto possibile. L'intelletto umano ha sempre la potenzialità di crescere, al contrario dell'intelletto di Dio, il quale, in quanto atto puro, non manca di nulla e conosce "da sempre" ogni cosa.

L'intelletto umano non è fatto per rimanere una scatola vuota, ma per acquisire delle conoscenze. Oltre all'*intelletto possibile*, quindi, esiste anche un *intelletto agente*, il quale è in grado di attuare l'intelletto possibile per produrre conoscenza.

Ti posso chiarire il rapporto tra l'intelletto agente e l'intelletto possibile ricorrendo ad una semplice analogia. Immaginiamo di trovarci in una grande stanza ripiena di oggetti, ma completamente buia. Gli oggetti sono lì, ma noi non possiamo vederli, anche se i nostri occhi funzionano perfettamente. L'intelletto agente è come una torcia elettrica che ci permette di illuminare gli oggetti presenti nella stanza buia e fare in modo che i nostri occhi possano percepirli. L'intelletto agente è ciò che ci permette di dare un senso, per così dire, alle cose che sono lì fuori e che noi percepiamo con i nostri sensi.

L'intelletto possibile riceve la forma degli oggetti sensibili, ma è l'intelletto agente che rende ciò possibile. Questo è responsabile del processo di astrazione che permette all'intelletto di ricevere le forme degli enti sensibili e renderceli quindi intellegibili. L'intelletto agente, a partire dalle immagini sensibili degli enti di cui facciamo esperienza (i *fantasmi*), astrae dalla materia le forme degli stessi. Così come le forme, congiungendosi alla materia, rendono attuali gli enti materiali, così queste, sotto l'azione dell'intelletto agente, informano il nostro intelletto possibile e rendono attuale in noi il conoscerle.

Torniamo all'esempio della biglia di metallo. Quando la forma sferica si unisce al metallo mediante l'opera di una causa agente, questo diventa una biglia, così quando l'intelletto agente astrae dai dati sensibili la sfericità della biglia e ne informa l'intelletto possibile, la sfericità della biglia diventa intellegibile.

Al tempo di san Tommaso, come ti accennavo sopra, gli averroisti, rifacendosi ad una lettura distorta della concezione aristotelica del processo astrattivo, asserivano che l'intelletto fosse unico per tutti gli uomini. Tale teoria era contraria alla dottrina dell'immortalità dell'anima umana e quindi stabiliva una contraddizione tra la filosofia e la teologia, che invece l'Aquinate riteneva fondamentalmente armoniche. Ecco perché egli combatté a lungo contro la suddetta in numerosi scritti ed elaborò diversi argomenti atti a vanificarla. Tra i tanti, mi limito a citarti il seguente: se l'intelletto di tutti fosse uno solo, uno solo sarebbe anche il soggetto che intende e, conseguentemente, l'intelletto che vuole; ne deriverebbe che tutti gli uomini avrebbero una sola volontà, il che è palesemente falso.

Le tre operazioni dell'intelletto

Aristotele, e con lui Tommaso, distingue tre operazioni o atti dell'intelletto: l'*astrazione*, il *giudizio* ed il *ragionamento*.

Come ho scritto subito sopra, è proprietà dell'intelletto umano conoscere le forme che hanno una sussistenza individuale nella materia, ma non in quanto sono in una determinata materia. Il risultato del processo astrattivo è ciò che viene espresso nella *definizione*. La definizione è un breve discorso che intende enucleare l'essenza di una cosa mediante l'indicazione del *genere prossimo* e della *differenza specifica*, come ad esempio: "l'uomo è un animale razionale" o "il triangolo è un poligono di tre lati". La definizione non è propriamente né vera né falsa, ma può essere precisa o imprecisa, così come il concetto al quale si riferisce.

La seconda operazione dell'intelletto è il giudizio, il quale si realizza componendo e separando i concetti. Nel primo caso si ha il giudizio affermativo (come "Socrate è filosofo"), nel secondo il giudizio negativo (come "Socrate non è donna"). L'attività del giudizio consiste, come dice il suo nome, nel giudicare, ossia nell'affermare o negare qualcosa. A differenza della definizione, che non è né vera né falsa, in quanto esprimente l'essenza delle cose, il giudizio può essere vero o falso, in quanto si impegna a riguardo dell'esistenza delle stesse. Se la frase "l'uomo è un animale razionale" non è né vera né falsa, ma precisa (qualora riesca a delimitare adeguatamente l'essenza del concetto "uomo") o imprecisa (qualora non ci riesca), la frase "Socrate è bianco", sarà vera se Socrate è bianco, altrimenti sarà falsa.

La terza operazione dell'intelletto è il ragionamento. Mediante il suddetto, coordinando tra di loro i giudizi, si procede dal noto all'ignoto, come quando dal giudizio universale "tutti gli uomini sono mortali" e da quello particolare "Socrate è un uomo", si deduce "Socrate è mortale". Anche il ragionamento, in sé, non è né vero né falso, ma può essere corretto o scorretto. Un ragionamento corretto da premesse vere darà necessariamente luogo ad una conclusione vera, il che non avverrà per il ragionamento scorretto, che da premesse vere potrà anche trarre conclusioni false o viceversa.

Essenza ed esistenza

Veniamo ora ad uno dei temi centrali della metafisica di san Tommaso d'Aquino: la distinzione tra *essenza* ed *esistenza*. Si tratta di un argomento che ti potrà risultare ostico, ma che mi è indispensabile trattare al fine di dare del pensiero dell'Aquinate un'immagine che non risulti eccessivamente monca o parodistica. Presta quindi, te ne prego, molta attenzione alle righe che seguono.

Tommaso dimostra la distinzione reale tra essenza ed esistenza mediante un interessante argomento. Tutto ciò che non rientra nella comprensione o concetto di un'essenza costituisce un composto con l'essenza stessa. Ad esempio, la bianchezza di un uomo non rientra nella sua essenza in quanto uomo, poiché un uomo è tale a prescindere dal fatto che sia bianco o meno. Nessuna essenza può essere compresa senza includere nella nozione che ne abbiamo i fattori che fanno parte della medesima. Non possiamo, infatti, comprendere che cosa sia un uomo se non comprendiamo che cosa appartiene all'uomo in quanto tale. Le essenze, però, possono essere comprese ignorando se queste esistano o meno. È possibile, infatti, sapere che cosa sia una fenice o un ippogrifo anche se si ignora se questi esistano o meno nella realtà. Di conseguenza, risulta evidente che l'esistenza è altro dall'essenza.

L'argomento, però, non finisce qui. Non si è ancora dimostrato, infatti, che la distinzione tra essenza ed esistenza è un qualcosa di reale. Potrebbe semplicemente trattarsi di una distinzione derivante dal fatto che per noi c'è una differenza nel riconoscere l'essenza di una cosa e la sua esistenza. Si potrebbe trattare di una differenza di tipo meramente logico, cioè di una differenza legata esclusivamente al nostro pensare l'essenza e l'esistenza come cose distinte, ma che non rispecchia una differenza reale.

Per completare la dimostrazione, Tommaso ipotizza la possibilità che vi sia un ente la cui essenza corrisponda alla sua esistenza, il suo atto d'essere. Un tale ente, però, non potrebbe che essere unico. Ci sono solo tre modi, infatti, in cui una cosa può essere moltiplicata: quando a questa viene aggiunta una differenza specifica, come quando un genere (animale, per esempio) si moltiplica nelle differenti specie (uomo, cavallo, cane, ecc.); quando una forma viene ricevuta da differenti porzioni di materia, come nel caso di una specifica natura che si moltiplichi nei differenti individui (come le molecole d'acqua che, pur essendo essenzialmente identiche, si distinguono materialmente); quando si diano due istanze di una cosa in cui in un caso questa sia a sé stante e nell'altro sia ricevuta in qualcosa, come nell'ipotetico scenario in cui il calore potesse esistere per proprio conto e fosse ricevuto da un corpo riscaldato.

Ora, una cosa come un ente in sé sussistente non potrebbe moltiplicarsi nel primo modo, perché in tal caso non sarebbe la pura esistenza, ma l'esistenza più un qualcosa necessario a differenziarlo. Né potrebbe moltiplicarsi nel secondo modo, perché non sarebbe il puro essere, ma l'essere più la materia. Se ci fosse un qualcosa che fosse il puro essere potrebbe, invece, essere moltiplicato in quanto ricevuto da altre cose, ma questo non incrinerebbe la sua unicità, in quanto in queste altre cose l'essere sarebbe ricevuto in qualcosa da questo differente. Ne risulta che ci può essere solo una cosa la cui essenza corrisponda alla sua esistenza e che, di conseguenza, in tutte le altre cose c'è sempre una distinzione reale tra essenza ed esistenza.

Così come, negli enti materiali, la forma conferisce attualità alla materia, così per gli enti in generale l'essenza, che senza l'essere è un puro nulla, viene attuata dall'essere. Ogni ente che non sia l'ente in cui essenza ed esistenza corrispondono, nasce dall'unione di una essenza con l'essere. È l'essere a far sì che gli enti esistano, mentre l'essenza è ciò che fa si che questi siano degli enti determinati e non il puro, infinito essere. Per così dire, l'essenza limita quell'essere che, invece, risulta illimitato nell'ente la cui essenza è il suo stesso essere, in quell'ente che, come avrò modo di spiegarti, è Dio.

Avrai certamente già notato che il rapporto tra essere ed essenza è analogo a quello che c'è tra la forma e la materia, vale a dire che corrisponde al rapporto che c'è tra l'atto e la potenza. L'essere attualizza l'essenza, che funge da potenza dell'atto d'essere. La distinzione tra essere ed essenza sta dietro, per così dire, a quella tra forma e materia. È possibile dire che la forma è in potenza rispetto all'atto d'essere. L'essere è il completamento d'ogni forma: la forma infatti è completa quando ha l'essere, e ha l'essere quando è in atto; sicché non c'è nessuna forma, se non in forza dell'atto d'essere. L'essere, ci dice san Tommaso, è l'attualità di ogni atto e la perfezione di ogni perfezione.

Le cose esistono?

Ti illustrerò ora come la dottrina tomistica dell'atto d'essere possa portare luce su un tema metafisico molto caro alla filosofia contemporanea, onde dimostrare come il pensiero dell'Aquinate sia tutt'altro che una cosa sorpassata, ma come proprio l'oblio in cui questo è caduto nella modernità sia uno dei motivi per cui oggi trionfano posizioni filosofiche che fanno a pugni con il nostro senso comune. Si tratta del problema, a tutta prima assai bizzarro, riguardante il senso da dare al cosiddetto *predicato esistenziale* (fai uno sforzo per farti piacere questa espressione), vale a dire: ad esistere sono le cose, come comunemente si pensa, o i concetti o le proprietà, come oggi pensano molti filosofi?

Quando noi diciamo "Socrate esiste" lo facciamo intendendo "esiste" come qualcosa che fa riferimento a Socrate: è Socrate, infatti, che esiste. Oggi molti filosofi (specie di lingua inglese), seguendo l'insegnamento del logico tedesco Gottlob Frege, sono dell'idea che quando noi diciamo "Socrate esiste" non facciamo, in realtà, riferimento a Socrate quale oggetto concreto, ma al concetto di Socrate o alla proprietà di essere Socrate. Costoro asseriscono che il predicato di esistenza non sia un predicato di primo livello (vale a dire che "esiste" non è un qualcosa che possa dirsi di oggetti concreti), bensì un predicato di secondo livello (cioè che "esiste" si può dire solo ed esclusivamente di concetti o proprietà). Quando diciamo che "Socrate esiste", in realtà non staremmo che dicendo che "esiste almeno un ente che gode della proprietà di essere Socrate" o, più sbrigativamente, che "qualcosa socratizza".

L'argomento classico in difesa dell'idea che l'esistenza sia un predicato di secondo livello è quello che fa perno sulle proposizioni esistenziali negative. Se io dico "i marziani non esistono", intendendo il predicato "esistono" come riferito a dei marziani concreti, è come se stessi dicendo "esistono dei marziani, i quali non esistono". La cosa, ovviamente, è contraddittoria. Per questa ragione, i sostenitori dell'idea che il predicato esistenziale sia un predicato di secondo livello suggeriscono che "i marziani non esistono", dovrebbe essere tradotto in questi termini: "la proprietà di essere un marziano non è istanziata" o "non esiste alcun ente che goda della proprietà di essere un marziano". Di conseguenza, anche le proposizioni esistenziali positive verterebbero non su degli oggetti concreti, ma su delle proprietà.

Basta rifletterci, però, per rendersi conto che questa concezione del predicato esistenziale è decisamente troppo povera per cogliere tutta l'ampiezza del medesimo. Il fatto che Socrate esista rende sicuramente vera la proposizione "la proprietà di essere Socrate è istanziata" o la proposizione "la proprietà di essere Socrate è esemplificata da un ente concreto", ma il fatto che la proprietà di essere Socrate sia istanziata non ci dice in virtù di che cosa questa lo sia. È del resto evidente che, per Socrate, esistere sia decisamente qualcosa di più che non la semplice istanziazione della proprietà di essere Socrate, qualcosa che lo riguarda direttamente in quanto ente concreto.

Secondo l'ontologia di Tommaso d'Aquino, quando io dico che "Socrate esiste" sto dicendo qualcosa su Socrate, vale a dire che Socrate è dotato dell'*atto di essere*. È il fatto che Socrate esiste, che è dotato cioè di un proprio atto d'essere, a far sì che la proprietà di essere Socrate sia istanziata. Dicendo che "Socrate esiste" sto quindi, in effetti, attribuendo un predicato di primo livello a Socrate. Le proposizione esistenziali negative andrebbero pertanto interpretate come negazioni di proposizioni. Quando dico "i marziani non esistono", in realtà, non sto che dicendo "è falso che esistano marziani".

La partecipazione

Un altro tema essenziale della metafisica di san Tommaso d'Aquino è quello relativo al concetto di *partecipazione*. Partecipare significa prendere parte di un qualcosa. Nello specifico, quando un qualcosa riceve in modo particolare e limitato ciò che appartiene ad altro in modo assoluto, il primo partecipa del secondo. In altri termini, la partecipazione è un modo per rendere ragione di come determinate perfezioni possano essere possedute da diversi tipi di enti, vale a dire di rendere ragione del problema dell'unità e della molteplicità.

L'Aquinate distingue differenti tipologie di partecipazione. La prima è quella, ad esempio, dell'uomo al genere animale, in quanto questo non esaurisce il genere in tutta la sua universalità. In questo caso un concetto meno universale partecipa di un concetto più universale. Si tratta di un tipo di partecipazione che può essere definito come prettamente logico. Un altro tipo di partecipazione è quello della sostanza nell'accidente o della forma nella materia, poiché, che sia accidentale o sostanziale, la forma, che di suo è universale, viene recepita limitatamente ad un determinato soggetto. Questo tipo di partecipazione può essere detto reale o ontologico. Tommaso individua un terzo ulteriore tipo di partecipazione, anche questo reale o ontologico, quella dell'effetto alla sua causa.

Tutti gli enti partecipano dell'essere secondo il terzo tipo di partecipazione suindicato. In questo senso l'essere, che di suo sarebbe infinito (questo è la perfezione di tutte le perfezioni e l'attualità di tutti gli atti), viene limitato dalle varie essenze, facendo sì che i vari enti partecipino allo stesso secondo differenti gradi di intensità.

I trascendentali

È ora necessario che spenda due parole per illustrarti il concetto di *trascendentale*. Anche qui presta attenzione, in quanto il termine "trascendentale" ha assunto significati assai diversi durante la storia della filosofia che spesso poco o nulla hanno a che fare con quello con cui lo intendo in queste righe. In questa sede io faccio riferimento al senso che tale termine ha nella filosofia scolastica e che si ritrova quindi in Tommaso. Nel linguaggio dei filosofi scolastici, i trascendentali sono delle proprietà fondamentali dell'essere che lo accompagnano sempre e dovunque e che, di conseguenza, appartengono a tutti gli enti e non solo a qualche categoria particolare.

Anche la dottrina dei trascendentali risale, in origine, ad Aristotele, il quale insegna che l'*unità*, la *verità* e la *bontà* sono qualità che appartengono all'ente in quanto ente. Queste si riferiscono in modo analogico a tutti gli enti, sia alle sostanze che agli accidenti, sia alle realtà materiali che a quelle immateriali.

San Tommaso spiega come unità, bontà e verità siano coestensive con l'ente. Ogni ente, in quanto tale, infatti è uno, buono e vero. L'unità è la caratteristica di ogni ente di essere uno in sé, indiviso. La bontà si riferisce all'ente in relazione alla volontà, in quanto cioè è voluto. La verità si riferisce all'ente in quanto conosciuto. Alla lista dei trascendentali, soprattutto negli scritti più tardi, l'Aquinate aggiunge a volte anche la *bellezza*. Ogni ente è bello nella misura in cui, quando lo vediamo, questo ci piace.

L'analogia

Scrivendo sopra dei trascendentali, ho asserito che questi si riferiscono in modo analogico a tutti gli enti. Ecco un altro elemento essenziale del pensiero di san Tommaso: l'*analogia*.

Immagina che qualcuno dica: "questa torta è perfetta". Tale proposizione congiunge i termini "torta" e "perfetta". Intendere il termine "perfetta" in senso univoco significa ritenere che sempre e comunque questo significhi la stessa identica cosa. Dire della torta che è "perfetta" sarebbe quindi come quando diciamo "verde" nelle proposizioni "il prato è verde", "la foglia è verde", "la tenda è verde", dove l'aggettivo in oggetto ha sempre lo stesso identico senso. Non sembra però che il termine "perfetta", da questo punto di vista, possa essere equiparato a "verde". Quando infatti diciamo "questa torta è perfetta" non intendiamo "perfetta" esattamente nello stesso senso in cui intendiamo tale aggettivo quando diciamo "questa partita è stata perfetta" o "il tuo sorriso è perfetto". Quando congiungiamo il termine "perfetta" al termine "torta" non intendiamo dire della torta esattamente la stessa cosa che intendiamo dire di una partita o di un sorriso quando ci riferiamo a questi come perfetti.

Si potrebbe interpretare la proposizione "questa torta è perfetta" in modo *equivoco*. Confrontandola con la proposizione "Dio è perfetto", si potrebbe allora asserire che il termine "perfetto" nelle due proposizioni indica due cose completamente diverse, anche se suona allo stesso modo, indica cose che non hanno nulla in comune. "Perfetto" quindi sarebbe, riprendendo un esempio caro ad Aristotele, come il termine "cane", il quale può essere riferito al migliore amico dell'uomo, ad una costellazione o ad una parte di un'arma da fuoco; vale a dire cose che non hanno nulla in comune l'una con l'altra.

Infine, si potrebbe interpretare la proposizione "questa torta è perfetta" nel modo giusto, quello *analogico*. Dicendo che "questa torta è perfetta" sto dicendo che questa è priva di difetti, errori, lacune e mancanze in quanto torta e nella misura in cui lo può essere una torta. Il termine "perfetto", riferito alla torta e a Dio avrebbe quindi un senso in parte simile ed in parte dissimile: riferito alla torta indicherebbe che questa, in quanto torta, è priva di difetti, mentre riferito a Dio avrebbe un senso assoluto, in quanto Dio è ciò che è privo di difetti, errori, lacune e mancanze in senso assoluto.

Tommaso insiste molto sul principio di analogia, mostrando come questo abbia un valore sia metafisico (concernente cioè l'essere delle cose) che epistemologico (concernente il nostro conoscerle). Quando noi diciamo di una torta che questa è perfetta, lo diciamo in senso analogico, non intendendo il termine "perfetto" in senso assoluto, come quando, ad esempio, diciamo "Dio è perfetto", ma in senso relativo. Così, se Dio è assolutamente perfetto, questa torta è perfetta, in quanto torta. La perfezione che troviamo nella torta è una vaga eco della perfezione di Dio e quando noi diciamo che questa torta è perfetta stiamo usando il termine "perfetto" in modo in parte uguale ed in parte dissimile rispetto a quando diciamo "Dio è perfetto".

In questa sede, preferisco non sviluppare un'analisi sia pure superficiale dell'analogia e tralasciare tutta la discussione attorno alle varie forme di questa che, secondo i diversi studiosi, san Tommaso avrebbe riconosciuto. Credo, infatti, che quanto ho appena esposto sia sufficiente a darti un'idea di base sull'argomento.

L'esistenza di Dio

Come ho già avuto modo di accennarti, mio caro, per san Tommaso, la conoscenza dell'esistenza di Dio è un preambolo della fede e, pertanto, può essere raggiunta mediante il solo uso della ragione. Questo non significa che per costui l'esistenza di Dio sia un qualcosa di auto-evidente, cioè che l'esistenza di Dio ci sia nota immediatamente. La conoscenza dell'esistenza di Dio, infatti, per noi uomini è il frutto di una dimostrazione.

Una verità è auto-evidente quando non può essere negata. Così, ad esempio, che 3+2=5 è un qualcosa di auto-evidente. Infatti, non risulta che qualcuno dotato della capacità di intendere e volere abbia mai negato una tale verità in tutta la storia dell'uomo.

Come forse già saprai, molto prima di Tommaso, sant'Anselmo d'Aosta aveva sostenuto che l'esistenza di Dio potesse dedursi dal suo stesso concetto e che, pertanto, si trattasse di una verità auto-evidente. Costui aveva asserito che siccome quando pensiamo a Dio pensiamo al maggiore di tutti gli enti possibili, allora Dio esiste nella realtà oltre che nel nostro pensiero, in quanto, se così non fosse, potremmo pensare ad un ente ancora maggiore che esistesse nella realtà oltre che nel pensiero. È questo il famoso *argomento ontologico* a favore dell'esistenza di Dio, che tanta fortuna ha avuto lungo la storia della filosofia praticamente fino ai nostri giorni.

L'Aquinate non pensa che un tale argomento sia valido. Egli ritiene che la via che vuole discendere, per così dire, dall'essenza di Dio alla sua esistenza non sia percorribile. Questo perché prima di provare l'esistenza di Dio la nostra mente non può che averne una definizione nominale (cioè costruita arbitrariamente per mezzo di determinati termini) e non reale. Del resto, anche supponendo che noi disponessimo di un concetto reale di Dio, si tratterebbe sempre di un concetto essenzialmente negativo, in quanto Dio non è tanto colui di cui non si può pensare il maggiore, ma colui che non si può pensare affatto. La proposizione "Dio esiste" in sé è evidente, infatti, come mostrerò in seguito, Dio è il suo stesso essere, ma siccome noi ignoriamo l'essenza di Dio, per noi non è evidente e dobbiamo dimostrarla attraverso prove che partano dalle cose che ci sono note, cioè mediante i suoi effetti.

Sparse nelle opere di Tommaso, troviamo numerose dimostrazioni dell'esistenza di Dio, le più famose sono però le cosiddette *cinque vie*, che egli espone proprio al principio della *Somma Teologica*. Nei prossimi capitoli cercherò di illustrartele nel modo più semplice possibile e mostrarti come queste meritino tutta la nostra attenzione, sapendo resistere in modo adeguato alle più importanti critiche che nel corso dei secoli sono state più e più volte sollevate contro di esse.

La prima via

La *prima via* parte dalla constatazione che gli enti del mondo mutano, per dedurne l'esistenza di Dio come *motore immobile*. Ecco come la prova si articola:

1. I nostri sensi ci testimoniano che le cose mutano.
2. Il mutamento è il passaggio dalla potenza all'atto.
3. Solo ciò che già è in atto può mutare qualcos'altro dalla potenza all'atto.
4. Nulla può essere contemporaneamente in atto e in potenza sotto il medesimo rispetto: ciò che è caldo in atto non può essere insieme caldo in potenza, ma sarà freddo in potenza.
5. È dunque impossibile che sotto il medesimo aspetto una cosa muti se stessa.
6. Pertanto, tutto ciò che muta è mutato da altro.
7. Ora, però, la catena causale del mutamento non può estendersi all'infinito, in quanto qui stiamo parlando della *causa essendi* del mutamento, della causa del mutamento in quanto mutamento.
8. Ne deriva che al principio di detta catena deve esserci un ente capace di produrre il mutamen-

to dalla potenza all'atto, ma la cui attualità non sia frutto a sua volta di mutamento. Ne deriva che al principio della catena causale del mutamento deve esserci un *motore immobile*. E questo è quanto tutti chiamano Dio.

Se hai seguito quanto da me scritto precedentemente in merito al rapporto tra atto e potenza, non ti sarà molto difficile cogliere il senso della *prima via*. Il mutamento è l'atto del passare di un qualcosa dalla potenza all'atto, Aristotele lo chiama l'atto dell'essere in potenza in quanto è in potenza. Ciò che è in potenza non può darsi da sé il proprio mutamento in atto, ma deve ricevere questa attualità da altro. Ora, però, la catena causale del divenire in quanto divenire, vale a dire dell'essere del divenire, non può estendersi all'infinito: se tutto ciò che muta fosse mutato da qualcosa che, a sua volta, venisse mutato, nulla di fatto muterebbe (ti ricordi l'esempio dei dieci euro chiesti in prestito?). Al principio della catena causale del mutamento, quindi, ci deve essere un motore immobile, un qualcosa che possa produrre il mutamento, senza esserne a sua volta soggetto, un qualcosa che sia puro atto, senza alcuna potenzialità. Questo *motore immobile* e ciò che noi chiamiamo Dio.

Una possibile critica alla prima via, per taluni, sorgerebbe da uno dei cardini della stessa filosofia tomistica. Ho osservato sopra come il mio scrivere attuale dipende dalla mia attuale causalità di scrivere, il mio scrivere dipende attualmente dall'azione della penna, l'azione della penna dall'azione della mia mano e l'azione della mia mano dalla mia volontà di scrivere. Ed è a questo punto che sorgerebbe il problema. Per Tommaso d'Aquino, infatti, gli animali come me e te hanno in sé la ragione del proprio mutamento. Tutti gli esseri viventi sono dotati di un'anima ed è l'anima il principio del mutamento di ogni essere vivente. La mia anima, quindi, determinando liberamente la mia volontà di scrivere sarebbe una sorta di motore immobile, contraddicendo quanto sostenuto nella prima via, secondo cui il motore immobile è Dio.

Non c'è dubbio che secondo Tommaso (come ti spiegherò meglio più sotto) l'anima è il principio della vita e, pertanto, del mutamento dei viventi, ma davvero questa può essere considerata come un motore immobile? No, nella maniera più assoluta. È vero, infatti, che i viventi mutano in ragione della propria anima, ma è altresì vero che questa non è immobile, ma è spinta a mutare da cause a lei esterne. La mia volontà è sempre mossa da un qualche fattore esterno. La mia volontà di scrivere, per esempio, potrebbe essere mossa dal voler mandare una lettera ad un amico o dal voler buttare giù la lista della spesa. L'anima di tutti i viventi muta in ragione di quanto questi percepiscono nel proprio ambiente, il che spinge gli stessi all'azione. Anche le anime, quindi, appartengono alla catena delle cose che mutano in ragione di qualcos'altro.

Una seconda obiezione alla prima via arriva dal moto inerziale così come concepito nella meccanica classica. Secondo il principio di inerzia, infatti, un corpo in stato di moto tenderà a rimanere nel medesimo anche quando la causa movente non agirà più su di questo. È il caso del moto dei proiettili, i quali sembrano contraddire il principio secondo cui ogni cosa che muta è mutata da altro.

È possibile tentare due strade per cercare di dare una risposta a questo genere di obiezione. La prima consiste nell'asserire che il movimento locale e, pertanto, il moto inerziale non è un vero e proprio mutamento (non a caso il principio di inerzia parla di esso come di uno "stato"). Tale soluzione, però, sembra essere un po' troppo a buon mercato. La seconda è quella, inaugurata dallo stesso Aristotele, di individuare una causa del moto dei proiettili. Secondo lo Stagirita, il movimento dei proiettili si spiegherebbe in quanto la causa motrice comunicherebbe al fluido (aria, acqua, ecc.) che circonda questi ultimi la sua capacità di muovere, e sarebbe il fluido in oggetto a spingerli, per così dire. Un'altra soluzione al problema del moto inerziale è quella proposta dal filosofo aristotelico Giovanni Filopono, il quale ricorse alla nozione di *impetus*. Esso sarebbe una qualità (una *potentia*) impressa nel soggetto mobile e inerente a quest'ultimo, che continuerebbe a muoverlo. Questa soluzione ha goduto e gode di un grande considerazione tra i filosofi tomisti ed è un po' l'equivalente filosofico della nozione di "energia cinetica" in uso in fisica. La causa del moto dei proiettili, potrebbe poi risiedere, come suggerì Ernest Mach, nell'interazione degli stessi con il resto dell'universo. Sarebbero quindi le stelle e gli altri corpi celesti ad influire sul moto inerziale quale causa attiva.

Come vedi, quindi, il problema rappresentato dal principio di inerzia rispetto alla *prima via* non è così preoccupante come potrebbe sembrare a prima vista. Del resto, questo stesso principio, in fondo, non è che una semplice astrazione atta a produrre predizioni.

La seconda via

La *seconda via* parte dalla constatazione che nel mondo facciamo esperienza di cause ed effetti, per giungere all'esistenza di Dio quale *causa prima*. Ecco come si sviluppa il ragionamento:

1. Nel mondo osserviamo che vi sono delle serie di cause o catene causali.
2. Nulla può darsi ciò che non ha (dal principio di proporzionalità della causa).
3. Nulla quindi può essere causa efficiente di se stesso.
4. Se la causa non esistesse, non esisterebbe nemmeno l'effetto.
5. Se il primo anello di una catena causale (*in se*) non esistesse, non ci sarebbe nemmeno la catena.

6. Una catena causale *in se* non può estendersi all'infinito.

7. Tra le varie catene causali di cui facciamo esperienza, vi sono quelle relative alla *causa essendi* delle cose, in cui causa ed effetto risultano essere simultanei.

8. È quindi necessario ammettere l'esistenza di Dio quale *causa essendi* prima delle catene causali di cui facciamo esperienza.

Anche qui, se ricordi quanto ho scritto precedentemente sul principio di causalità e sulle catene causali, non ti sarà difficile comprendere la struttura dell'argomentazione. Per renderti la vita più facile te ne fornirò un'illustrazione avvalendomi di un esempio concreto.

Dal soffitto della mia stanza pende un lampadario. Il rimanere sospeso lì in alto del lampadario è causato dalla catena che lo congiunge al soffitto. La catena riesce a tenere il lampadario nella succitata posizione perché delle viti la fissano al soffitto. Le viti non cadono dal soffitto per via della forza di gravità in ragione, appunto, del soffitto nel quale sono conficcate. Il soffitto, a sua volta, non cade da dove si trova perché è tenuto al proprio posto dalle pareti della stanza. Queste sono sorrette dalle fondamenta dell'edificio, le quali lo sono dalla terra, ecc. Rileggendo la catena causale in oggetto avvalendosi delle categorie di atto e potenza questa suona nei termini seguenti: la potenza del lampadario di occupare la posizione che occupa è attuata dalla catena che lo sorregge; la potenza della catena di pendere dal soffitto è attuata dalle viti che la fissano allo stesso; la potenza delle viti di reggere la catena è attuata dal soffitto medesimo in cui le viti sono conficcate; la potenza del soffitto di stare lì dove si trova è attuata dalle pareti della stanza, ecc.

Siamo evidentemente in presenza di una catena causale *in se* ed in cui, di conseguenza, tutte le cause intermedie sono solo cause strumentali rispetto all'effetto finale. In più, in questa catena causale, la causa è simultanea rispetto all'effetto e, qualora una qualsiasi delle cause che la compongono venisse a mancare, anche l'effetto subirebbe la medesima sorte. Stiamo quindi parlando della *causa essendi* dell'effetto.

Come già sai, questa catena causale non può estendersi all'infinito. Ora, però, al principio della medesima non potrà esserci un qualcosa di causato, poiché altrimenti questo non sarebbe il suo vero principio, rimandando a sua volta ad una causa ulteriore, al principio di questa catena causale deve esserci quindi una causa incausata, un qualcosa il cui essere non sia causato da altro, vale a dire Dio.

Una critica alla seconda via è quella che si fonda sulla negazione del principio stesso di causalità. Il più insigne dei negatori dell'oggettiva validità di questo principio fu, come forse già ti sarà noto, il filosofo scozzese David Hume.

Secondo Hume, l'uomo ha la possibilità di esperire ciò che accade nel mondo, ma non sa se ciò che accade accada in modo necessario o contingente. La necessità è un qualcosa che esiste nella mente, ma non nelle cose. Ne deriva che la proposizione "ogni ente contingente è causato" non è giustificata o giustificabile a partire dall'esperienza. La necessità e l'universalità che si riscontrano in questa proposizione non sono radicate negli oggetti dell'esperienza, ma nel nostro modo di pensare tali oggetti. L'idea che certi eventi siano la causa di altri eventi, infatti, sorgerebbe dal mero fatto che al verificarsi dei primi è generalmente collegato il verificarsi dei secondi. Ma siccome l'uomo non percepisce alcuna reale connessione tra gli stessi, la proposizione "all'evento A deve necessariamente seguire l'evento B" non è in alcun modo giustificata.

Secondo Hume, le idee di causa ed effetto sono distinte ed il principio che vuole che per ogni effetto ci sia una causa corrispondente non è necessariamente valido. Tutte le idee distinte sono separabili l'una dall'altra e le idee di causa e di effetto sono distinte l'una dall'altra. Di conseguenza, nulla ci nega di concepire che un qualsivoglia oggetto cominci ad esistere senza che questo avvenga in forza di una qualche causa. La separazione dell'idea di causa da quella del venire all'esistenza di qualcosa è chiaramente immaginabile. Possiamo tranquillamente immaginare che una cosa venga ad essere senza una causa senza cadere nella contraddizione o nell'assurdo.

Come ha tuttavia sottolineato la filosofa inglese Elizabeth Anscombe, noi possiamo benissimo immaginare che un qualcosa venga fuori dal nulla, ma il fatto che questo sia possibile per la nostra immaginazione non implica che ciò sia possibile nella realtà senza cadere nell'assurdo o nella contraddizione. Possiamo certamente immaginare un qualcosa apparire all'improvviso, sbucando dal nulla, ma come facciamo ad essere sicuri che questa cosa apparsa all'improvviso sia venuta ad esistere proprio nel momento in cui è apparsa e non esistesse già altrove? Sembra proprio che la nostra consapevolezza di avere a che fare con il venire ad esistere di un oggetto sia indissolubilmente legata al fatto di poter identificare le sue cause. Possiamo osservare l'inizio di nuove cose in quanto sappiamo che queste, in qualche modo, sono state prodotte e da che cosa. Sappiamo che l'apparire di una cosa corrisponde alla sua genuina origine nella misura in cui comprendiamo da che cosa è stata originata.

Del resto, l'intrinseca contraddittorietà della posizione di Hume a riguardo del principio di causalità appare evidente semplicemente osservando come questi giustifica l'esistenza del concetto di causa nella nostra mente. Secondo il filosofo scozzese è l'abitudine a generare in noi l'idea che se un evento B segue costantemente ad un evento A, il secondo è la causa del primo. Ma domandandosi come faccia ad ingenerarsi in noi il concetto di causa, Hume non si sta forse domandando che cosa causi in noi il concetto di causa? È come se Hume ci dicesse: il concetto di causa in sé non ha valore, in quanto è la nostra abitudine a vedere costantemente associati determinati eventi a… causarlo!

Secondo alcuni, un colpo di grazia al concetto classico di causalità deriverebbe invece dalla moderna meccanica quantistica ed in particolare dal cosiddetto *principio di indeterminazione di Heisenberg*. Si tratta di un argomento delicato e complesso, cercherò di affrontarlo in modo tale che tu possa comprenderlo, senza però addentrarmi eccessivamente in uno dei campi più ostici della fisica e nelle sue ancora più ostiche interpretazioni.

Il succitato principio di indeterminazione afferma che noi non possiamo conoscere con assoluta precisione in modo simultaneo la posizione e la velocità di una particella: più esattamente conosceremo la posizione della medesima, meno esattamente conosceremo la sua velocità, e viceversa. Questo introduce all'interno della scienza fisica un consistente fattore di impredicibilità. A livello subatomico, ci è impossibile produrre predizioni esatte, ma solo stabilire le probabilità relative alle varie evoluzioni possibili di un sistema fisico.

Il problema è che non bisogna assolutamente confondere il principio di causalità con quello di predicibilità. Il principio di causalità e quello di predicibilità si distinguono in ragione del fatto che il principio di causalità dice solamente che ogni effetto (ogni nuovo fenomeno) deve avere necessariamente una causa, ma non ci dice quale sia la causa, né se la causa produca l'effetto in un modo che sia predicibile. Il principio di predicibilità, invece, ci dice che conoscendo l'effetto, posso conoscere la causa e, conoscendo la causa, posso conoscere l'effetto. Il principio di predicibilità, quindi, è estremamente più impegnativo di quello di causalità. Ora, se il primo, in effetti ha ricevuto un duro colpo dal principio di indeterminazione, lo stesso non si può certamente dire per il secondo.

Un'altra obiezione alla seconda via è quella mossa da Bertrand Russell. Secondo costui la suddetta sarebbe soggetta alla fallacia della composizione: dal fatto che ogni cosa nel mondo è implicata in una catena causale non si potrebbe infatti dedurre che il mondo nel suo complesso è causato.

La questione, però, è che la seconda via non si basa su una tale fallacia. Questa, infatti, parte dal fatto che nel mondo ci sono oggettivamente delle catene causali per dedurne l'esistenza di una causa prima. Il punto di partenza di tale argomento non è il mondo nel suo complesso, ma sono le singole catene causali che osserviamo in esso.

La terza via

La *terza via* parte dalla costatazione che nel mondo vi sono enti contingenti, vale a dire delle cose che iniziano ad esistere e smettono di farlo. Se nel mondo esistessero solo enti di tal fatta, allora, in un qualche punto del passato, vi dovrebbe essere stato un tempo in cui nessun ente esisteva. Solo che, se nel passato, non importa quanto remoto, ci fosse stato un tempo in cui nulla esisteva, nulla esisterebbe anche oggi. Di conseguenza c'è necessariamente un *qualcosa la cui esistenza non è contingente*, vale a dire Dio. Ecco come si svolge la prova:

1. Nel mondo osserviamo che ci sono enti contingenti, vale a dire enti che iniziano ad esistere e poi smettono di farlo.
2. Per ogni ente contingente, c'è un tempo in cui questo non esiste.
3. Se non esistessero che enti contingenti, nel passato ci dovrebbe essere stato un tempo in cui nulla esisteva.
4. Se un tempo non fosse esistito nulla, nulla esisterebbe oggi.
5. Ne risulta che non tutti gli enti sono contingenti.
6. Ora, gli enti non contingenti possono essere tali per virtù propria o in ragione di una causa a questi esterna.
7. Nella catena delle cause efficienti non si può procedere all'infinito.
8. Ne risulta che deve esserci *un ente non contingente che sia tale per virtù propria*, vale a dire Dio.

San Tommaso nota come gli enti di cui facciamo quotidianamente esperienza siano contingenti, vale a dire che questi vengono all'esistenza e, dopo un po', smettono di esistere. In fondo, tutti gli enti che ci circondano nel mondo materiale sembrano essere di tal fatta. Perfino le stelle, a quanto pare, sono venute all'esistenza e, un giorno, smetteranno di esistere. Ne consegue che per ogni ente contingente c'è un tempo in cui questo non esiste. Ma se tutti gli enti fossero tali per il fatto di ricevere l'essere per un tempo determinato e nessun ente avesse l'essere per virtù propria, allora (per il principio di proporzionalità della causa) nel passato ci dovrebbe essere stato un tempo in cui nulla esisteva. Ma se nel passato ci fosse stato un momento in cui nulla esisteva, allora nulla esisterebbe oggi. Ne consegue che devono esistere degli enti non contingenti, la cui essenza, cioè, non sia separabile dall'esistenza. Gli enti necessari (non contingenti) possono essere tali per virtù propria, in quanto la loro esistenza corrisponde alla loro essenza, o a causa di qualcos'altro. Nel secondo caso, tali enti avrebbero in altro la loro *causa essendi*. Già sappiamo, però, che non è possibile che una catena causale relativa alla *causa essendi* di un qualsivoglia ente si estenda all'infinito. Ne deduciamo che deve esistere un qualcosa che esiste necessariamente per virtù propria, vale a dire un qualcosa la cui essenza corrisponde all'esistenza. E questo qualcosa è Dio.

Una critica classica alle prove dell'esistenza di Dio sul tipo della *terza via* è stata avanzata da Immanuel Kant. Secondo costui, tali argomenti, per funzionare, si appoggerebbero alla prova ontologica e, pertanto, sarebbero invalidi come è invalida quest'ultima. Cercherò di spiegarti il ragionamento del noto filosofo tedesco ed il perché questo è inefficiace quale critica della prova dell'esistenza di Dio che ti ho appena illustrato.

Secondo Kant, il fatto che si sia provata l'esistenza di un ente necessario non ci dice nulla in merito alla natura di questo ente. Ed è qui che subentrerebbe il richiamo alla prova ontologica. Si suppone, infatti, che solo il concetto di essere perfettissimo soddisfi l'esigenza di esistere necessariamente, il che, come ricorderai, è proprio il presupposto della prova ontologica. Siamo quindi al cospetto di una prova ontologica rovesciata. Si dice "esiste necessariamente l'ente perfettissimo" lì dove la prova ontologica dice "l'ente perfettissimo esiste necessariamente".

Il problema sta nel fatto che Kant ritiene fondamentalmente invalida la prova ontologica in quanto pensa che il predicato esistenziale, in effetti, non sia un predicato. La sua posizione è quindi simile a quella dei discepoli di Frege di cui ti parlavo qualche pagina fa, con la differenza che questi non ritengono che il predicato esistenziale non sia un predicato in senso assoluto, ma che sia un predicato di secondo livello. Quando, quindi, tramite una prova del tipo della *terza via* si giunge a dimostrare l'esistenza di un ente necessario e si identifica questo con Dio, lo si fa in modo illegittimo, presupponendo che Dio sia l'ente necessario in quanto è l'ente di cui non è possibile pensarne uno maggiore ed a cui non può quindi mancare il predicato esistenziale.

Se si accetta però, come fa Tommaso, che il predicato esistenziale sia a tutti gli effetti un predicato (di primo livello), per cui se io dico "Socrate esiste" sto dicendo effettivamente qualcosa in merito a Socrate, questa critica di Kant viene a cadere. Come ti ho mostrato sopra, Tommaso ritiene (a ragione) che ci sia un solo ente possibile in cui essenza ed esistenza possano corrispondere. La *terza via* ci mostra che esiste un ente necessario per virtù propria, vale a dire proprio quell'ente la cui essenza si identifica con l'esistenza, il quale risulta, pertanto, esistente. Il tutto in modo perfettamente legittimo, date le premesse metafisiche di tale argomento.

La quarta via

La *quarta via* è forse la più difficile da comprendersi delle prove dell'esistenza di Dio proposte da san Tommaso. Questa *si fonda sui vari gradi di perfezione* che incontriamo nelle cose, *i quali presuppongono l'esistenza di una perfezione massima, assoluta, vale a dire quella di Dio*:

1. Nelle cose troviamo il bene, il vero, il nobile e altre simili perfezioni in un grado maggiore o minore.
2. Il grado maggiore o minore viene attribuito alle diverse cose secondo che esse si accostano di più o di meno ad alcunché di sommo e di assoluto.
3. Vi è dunque un qualcosa che è sommamente vero, e sommamente buono, e sommamente

nobile, e di conseguenza sommamente ente: poiché ciò che è massimo in quanto vero è tale anche in quanto ente.

4. Ciò che è massimo in un dato genere è causa di tutte le realtà appartenenti a quel genere.
5. Quindi *vi è qualcosa che per tutti gli enti è causa* dell'essere, della bontà e *di qualsiasi perfezione*, vale a dire Dio.

La *quarta via* parte dall'esistenza di una gradazione nelle perfezioni, le quali si riscontrano negli enti in modo tale che alcuni ne hanno più ed altri meno. Questa, ovviamente, suppone che tale gradazione sia reale, vale a dire che presuppone il fatto che le cose siano effettivamente più o meno perfette e non solo concettualmente tali. Il punto di arrivo è la perfezione massima quale ragione d'essere di quel più e meno che riscontriamo nelle cose.

Le perfezioni che qui san Tommaso prende in considerazione sono solamente quelle *trascendentali*, vale a dire, come ti ho già spiegato sopra, quelle convertibili con l'essere.

Il principio che sta alle spalle della *quarta via* è il seguente: se una cosa possiede una perfezione in grado maggiore o minore di un'altra, la ragione di ciò non può trovarsi nell'essenza stessa della cosa. Ciò che costituisce l'essenza di un ente, infatti, non può appartenergli in modo maggiore o minore, ma deve appartenergli interamente. Non si può essere più o meno uomo o più o meno Socrate: ogni uomo è uomo per quanto è possibile esserlo, Socrate è

Socrate per quanto è possibile essere Socrate. Le cose, invece, sono alcune più o meno buone, perfette, elevate nell'ordine dell'essere; sono più o meno vere, vale a dire più o meno intellegibili. Tali perfezioni, quindi, non costituiscono la loro essenza. Questo significa che le cose *partecipano* di tali perfezioni, vale a dire che le hanno da qualcos'altro. Ma se questo altro non possiede tali perfezioni in ragione della sua essenza, a sua volta le avrà da qualcos'altro ancora. Come ti ho già spiegato, però, in questo tipo di catene causali non si può procedere all'infinito. Di conseguenza, si deve giungere ad un qualcosa che sia in sé assolutamente perfetto, buono e vero. Perché tale ente deve essere assolutamente perfetto, cioè perfetto al massimo grado? Perché, possedendo la perfezione in ragione della sua essenza, la possiederà per quanto sia possibile possederla, così come Socrate, essendo essenzialmente Socrate, lo è nella misura in cui è possibile essere Socrate. Un tale ente perfettissimo è ciò che noi chiamiamo Dio.

Come ho appena scritto, questa prova dell'esistenza di Dio si fonda sul presupposto che il maggiore o minore grado di perfezione che incontriamo nelle cose appartenga davvero alle cose e non semplicemente al nostro modo di concepirle, vale a dire che le perfezioni siano reali e non semplicemente nominali (concettuali). Una critica radicale alla quarta via (così come, più in generale, a tutte le prove dell'esistenza di Dio) può venire quindi dal cosiddetto nominalismo.

La linea di ragionamento dei nominalisti è chiara. Per il nominalismo l'universalità non fa parte della struttura dell'essere, ma trova il suo fondamento solo ed esclusivamente nel significato delle parole. I termini universali, come quelli relativi ai trascendentali che, in quanto tali, si applicano a tutti gli enti, sono una pura creazione della nostra mente e non hanno riscontro alcuno nelle cose così come queste esistono al di fuori di essa. Ogni ente individuale è semplicemente se stesso, un esempio singolare di esistenza. Porre l'universalità nelle cose, sostengono i nominalisti, significa confondere l'ordine dell'essere con l'ordine della significazione, confondere la realtà concreta delle cose con il nostro modo di pensarle e di dare un senso ai concetti che utilizziamo parlandone (che non ha valore al di là del nostro pensiero).

Quello che i nominalisti si rifiutano di riconoscere è che, mentre ogni ente è in sé indivisibile e singolare, l'intelletto ha il potere di considerare un aspetto del singolare, lasciando fuori tutti gli altri. Così, l'intelletto può giungere a nozioni universali, come uomo, animale, sostanza, essere, bello e via dicendo. L'universalità è, infatti, nella cosa stessa, ma nel senso che la perfezione che viene considerata nella sua universalità appartiene a quella determinata cosa. Come è nella cosa, però, tale perfezione è inseparabile dalla singolarità della cosa stessa. Questo non toglie che il nostro intelletto non possa concepirla in modo astratto. Attraverso i concetti astratti dalla realtà delle cose, il nostro intelletto conosce le cose stesse e può formulare giudizi e ragionamenti attorno alle medesime. Del resto, se il nominalismo fosse vero, tutti i ragionamenti che fanno i suoi sostenitori non sarebbero che vuoti giochi di concetti, senza nessuna applicazione alla realtà delle cose.

La quinta via

La *quinta via* parte dalla constatazione che tutte le cose, anche quelle che non possiedono una coscienza propria, tendono ad agire per un fine determinato e ne *deduce l'esistenza di Dio quale ordinatore del mondo*:

1. Vediamo che alcune cose prive di conoscenza, come i corpi naturali, agiscono per un fine, come appare dal fatto che agiscono sempre o quasi sempre allo stesso modo.
2. È evidente che tali corpi naturali raggiungono il loro fine non a caso, ma in seguito a una predisposizione.
3. Ciò che è privo di intelligenza non tende al fine se non perché è diretto da un essere conoscitivo e intelligente, come la freccia dall'arciere.
4. Vi è dunque un qualche essere intelligente dal quale tutte le realtà naturali sono ordinate al fine: e questo essere lo chiamiamo Dio.

Come ho già scritto sopra, quando ti ho accennato al concetto tomistico di causa finale, anche gli agenti che non sono dotati di un intelletto agiscono in base ad un fine, questo perché, se un agente non fosse orientato verso un determinato effetto, non ci sarebbe una ragione per cui dovrebbe fare questo anziché quello. È evidente che una tale regolarità nell'azione di detti enti non può essere frutto del mero caso. È altrettanto evidente che questi, però, in quanto privi di intelletto, non possono darsi da sé il proprio fine. Un essere privo di intelligenza non agisce per un fine se non vi è indirizzato da un essere intelligente, come la freccia che giunge al bersaglio perché ivi indirizzata dall'arciere. È quindi necessario dedurre che un ente intelligente sia la causa efficiente del finalismo con cui agiscono gli enti privi di conoscenza, e tale ente è Dio.

La prima obiezione che si potrebbe muovere verso la *quinta via* potrebbe derivare dalla cosiddetta *teoria del tutto*. Da tempo i fisici stanno cercando di unificare in qualche modo le interazioni fondamentali della natura (l'interazione gravitazionale, l'interazione elettromagnetica, l'interazione nucleare debole e l'interazione nucleare forte) in una onnicomprensiva teoria del campo. Secondo alcuni, una volta che una tale teoria sarà stata individuata, tutte le leggi della natura potranno a questa essere ricondotte e sarà quindi la stessa a fornirci una ragione sufficiente a spiegare tutte le regolarità che riscontriamo nel cosmo. Ora, sorvolando sulle problematiche proprie di una visione riduzionistica che vorrebbe ricondurre tutto quello di cui facciamo esperienza nel mondo alle astratte leggi della fisica (problematiche a cui ho già avuto modo di accennarti nelle pagine precedenti), anche qualora una teoria del tutto fosse finalmente scoperta, questa non sarebbe in grado di fornirci la spiegazione ultima della realtà, ma sposterebbe solo il problema, per così dire, un po' più in là. L'idea da cui parte la *quinta via*, infatti, è che una legge non possa spiegare sé stessa, ma rimandi ad un legislatore, non si capisce quindi perché una teoria del tutto, anche in quanto legge fondamentale della fisica, dovrebbe fare eccezione.

Una seconda obiezione che si potrebbe muovere alla *quinta via* è che, per quanto questa ci induca a postulare l'esistenza di un ordinatore del mondo, sarebbe ancora tutto da dimostrare che tale ordinatore possa essere identificato con il Dio dei teisti. Ora, però, una tale obiezione ha senso solo per chi abbia una concezione meccanicistica della natura, una concezione cioè in cui gli enti naturali, le particelle che compongono il cosmo ed i corpi da queste formati, siano intrinsecamente inerti ed in cui le leggi che ne regolano il comportamento siano concepite come un qualcosa imposto dall'esterno, così come un orologiaio impone all'orologio un certo tipo di comportamento disponendo i suoi componenti in un preciso ordine. Come ti ho mostrato sopra, però, nella concezione di san Tommaso, le leggi della natura hanno il proprio fondamento nell'intrinseca finalità degli enti e, pertanto, l'ordinatore del cosmo non è distinguibile da colui che ha donato agli stessi quella precisa natura in base a cui operano, vale a dire dal Creatore del cosmo stesso. Così, anche questa obiezione è facilmente superata.

La natura di Dio

Stabilito che Dio esiste, bisognerà cercare di capire chi egli sia. A questo proposito, Tommaso chiarisce che di Dio possiamo conoscere solamente che cosa egli non sia e in cosa assomigli in qualche modo alle creature. Noi possiamo avere di Dio solamente una conoscenza di tipo *negativo* ed *analogico*, mai una conoscenza di tipo positivo e, al contempo, univoco. Tutta la nostra conoscenza univoca di Dio sarà quindi di tipo negativo, mentre tutta la nostra conoscenza positiva di Dio sarà di tipo analogico.

A questo punto ti domanderai certamente il perché di una tale presa di posizione tanto radicale. La ragione è presto detta. La nostra conoscenza positiva di Dio non può essere che di tipo analogico perché noi abbiamo esperienza diretta solo delle creature e non del Creatore, in quanto noi stessi siamo delle creature e non il Creatore. Noi sappiamo per esperienza diretta che cosa sono la finitezza, ma non che cosa sia l'eternità o l'infinità, se non in modo negativo. Il motivo per cui la nostra conoscenza positiva di Dio può essere solo di tipo analogico risiede nel fatto che le creature, in quanto partecipano in modo limitato dell'essere, hanno solo una somiglianza molto limitata con l'essere assoluto, che è Dio.

Oggi come oggi, molti autori contestano l'idea che si possa dire qualcosa di sensato in merito alla natura di Dio. Ad esempio, ci sono taluni che asseriscono che il concetto di onnipotenza sia un qualcosa di contraddittorio. A questo proposito, costoro domandano se l'onnipotenza di Dio possa permettergli di creare un masso così pesante da non poter essere sollevato. È ovvio che, dando una risposta positiva a questo interrogativo, ne deduciamo che Dio non è onnipotente, in quanto non "può" sollevare il sasso che è in grado di creare. La stessa cosa avviene se rispondiamo in modo negativo al medesimo interrogativo, in quanto, così facendo, asseriamo che Dio non "può" creare qualcosa. Il problema con tale argomento è, secondo Tommaso, che fa perno su un concetto di onnipotenza, questo sì, contraddittorio. Parlare di un "masso talmente grande che nemmeno Dio possa sollevare" equivale a parlare di un "masso che può e al contempo non può essere sollevato" e, pertanto, di un qualcosa di contraddittorio. Devi sapere, infatti, che quando si parla di onnipotenza di Dio tutto ciò che rientra nella medesima è quanto "può" essere fatto. Dio può creare tutto quanto può partecipare dell'essere, ma un ente contraddittorio non può esistere, non può partecipare all'essere e pertanto è intrinsecamente impossibile. Per questo Tommaso ci dice che non è tanto Dio a non poter creare nulla di contraddittorio, ma piuttosto che sono gli enti contraddittori a non poter essere creati.

Un'altra critica al concetto di Dio propostoci da san Tommaso è quella mossa dai fautori della cosiddetta teologia del processo, i quali asseriscono che parlare di Dio come eterno ed immutabile non ha senso, in quanto noi esseri mutevoli non potremmo porci in relazione con un tale ente. Come ti mostrerò sotto, Tommaso ritiene che Dio sia immutabile perché, se così non fosse, egli sarebbe un misto di atto e potenza e, quindi, non sarebbe l'atto puro, l'assoluta perfezione. Contrariamente a quanto ritengono i succitati teologi, un ente che non godesse di tale qualità non potrebbe essere identificato con Dio.

Per finire, altri hanno contestato il concetto tomistico di Dio in ragione del fatto che questo, secondo costoro, apparirebbe come una mera astrazione (un po' come un teorema matematico), un qualcosa che non ha alcuna relazione con quanto possiamo esperire in modo diretto. In realtà però, come avrò modo di mostrarti subito sotto, Tommaso costruisce il suo concetto di Dio a partire dalle cinque vie, le quali si fondano tutte su degli aspetti della realtà concreta così come questi appaiono ai nostri sensi. Pertanto, non si tratta di un qualcosa di campato in aria o di assolutamente arbitrario, ma è il frutto di un rigoroso processo argomentativo che trae le sue premesse dalla nostra esperienza.

Gli attributi di Dio

In tutte le sue opere principali, San Tommaso produce elaborate argomentazioni per dimostrare gli attributi di Dio, sia quelli *entitativi* (cioè quelli pertinenti all'essere stesso di Dio) che quelli *operativi* (cioè relativi all'operare di Dio). Ti chiedo pertanto, mio caro, di seguirmi mentre ti espongo una versione molto stringata di alcune delle suddette.

Dio è ciò che conferisce l'essere a tutti gli altri enti, quindi il suo essere non dipende da altri. Ora, però, l'essere d'ogni composto dipende dai suoi componenti: togliendo i componenti viene meno il composto sia come cosa sia come idea. Quindi Dio non è composto. Inoltre, colui che è il principio primo dell'essere lo possiede in modo eccellentissimo, perché ogni cosa è presente in maniera più eccellente nella causa che nel causato. Ma il modo più eccellente di possedere l'essere è quello per cui una cosa è identica all'essere. Quindi Dio è il suo essere, mentre nessun composto è il proprio essere, perché il suo essere dipende dai componenti e nessuno dei componenti è l'essere stesso. Dunque Dio non è composto. Questo significa che è assolutamente *semplice*.

In quanto causa prima di ogni perfezione che troviamo nelle cose, in Dio si ritrovano le perfezioni di tutte le cose. Perciò è assolutamente *perfetto*, perché non gli manca nessuna delle perfezioni che si possono incontrare in qualsiasi tipo di cose. E questo si può arguire dal fatto stesso che Dio è il suo stesso essere per sé sussistente, da cui deriva la necessità che egli contenga tutta la perfezione dell'essere. È chiaro infatti che se un corpo caldo non ha tutta la perfezione del caldo, ciò avviene perché il calore non è partecipato in tutta la sua perfezione; ma se il calore fosse per sé sussistente, non gli potrebbe mancare niente di ciò che forma la perfezione del calore. Ora, Dio è lo stesso essere per sé sussistente; quindi niente gli può mancare della perfezione dell'essere. Ma le perfezioni di tutte le cose fanno parte della perfezione dell'essere, essendo le cose perfette a seconda del modo con cui partecipano all'essere. Da ciò segue che a Dio non può mancare la perfezione di nessuna cosa.

Ogni essenza limita in qualche modo l'essere. L'essenza di un soggetto, cioè di un ente particolare, fa sì che questo sia in un determinato modo, che partecipi dell'essere in modo limitato e peculiare. Siccome l'essere divino non è ricevuto in nessun soggetto particolare, ma Dio è il suo proprio essere sussistente, resta provato chiaramente che Dio è *infinito*.

Essendo Dio l'essere stesso per essenza, bisogna che l'essere creato sia il suo effetto proprio, come bruciare è l'effetto proprio del fuoco. E questo Dio lo causa nelle cose non soltanto quando cominciano a esistere, ma (in quanto *causa essendi* di tutto quanto esiste) fintanto che perdurano nell'essere; come la luce è causata nell'aria dal sole finché l'aria rimane illuminata. Fino a che dunque una cosa ha l'essere, è necessario che Dio le sia presente nella proporzione in cui essa possiede l'essere. L'essere poi è ciò che nelle cose vi è di più intimo e di più profondamente radicato. Necessariamente dunque Dio è in tutte le cose e in maniera intima ed è quindi *onnipresente*.

Da quanto esposto sopra si può dimostrare anche che Dio è assolutamente *immutabile*. Infatti, tutto ciò che muta acquista qualcosa in forza del suo mutamento. Ora, Dio, essendo infinito e racchiudendo in se stesso in modo perfetto e universale la pienezza di tutto l'essere, non può acquistare nulla che prima gli mancasse; in nessun modo quindi a lui conviene il mutamento.

Dato poi che la nozione di eternità è naturalmente associata all'immutabilità, come quella di tempo è associata al mutamento, ne deriva che, essendo Dio sommamente immutabile, a lui in modo assoluto compete d'essere *eterno*. E non è soltanto eterno, ma è anche la sua stessa eternità, mentre nessun'altra cosa è la propria durata, perché non è il proprio essere. Dio invece è il suo stesso essere e perciò com'è la sua essenza così è la sua eternità.

L'uno è l'ente indiviso. Perciò perché una cosa sia massimamente una occorre che sia massimamente ente e massimamente indivisa. Ora, l'una e l'altra condizione si verificano in Dio. Egli infatti è massimamente ente, perché non è ente in quanto avente un essere determinato da una qualche natura (o essenza) alla quale sia stato unito, ma perché è lo stesso essere sussistente, illimitato in tutti i sensi. È poi massimamente individuo, in quanto non è divisibile per nessun genere di divisione né in atto né in potenza, essendo semplice sotto tutti gli aspetti, come è stato già dimostrato. È quindi evidente che Dio è sommamente *uno*.

Ancora, una cosa è buona nella misura in cui realizza la propria natura e cattiva nella misura in cui, per qualche ragione, non riesce a portare a compimento la suddetta, ciò significa che Dio, l'essere sussistente, in quanto perfetto, è anche *sommamente buono*.

Ecco quindi dimostrato come Dio, che è il suo stesso essere sussistente, goda di tutti i principali attributi entitativi che siamo soliti assegnargli. Rimane da dimostrare come questi goda anche degli attributi operativi che in genere gli sono associati.

A Dio sono normalmente attribuiti due ordini di operazioni: le operazioni *ad intra*, che sono quelle che costituiscono la vita intima di Dio, e precisamente le operazioni del conoscere e del volere, e le operazioni *ad extra*, che sono quelle che riguardano i rapporti di Dio con il mondo. Qui mi occuperò delle due principali operazioni *ad intra*, delle principali operazioni *ad extra* tratterò nei prossimi capitoli.

Nell'essere sussistente vi sono tutte le perfezioni, quindi c'è anche la perfezione della conoscenza. Mentre nell'uomo, però, il conoscere è altra cosa dall'essere, per l'essere sussistente, essere e conoscere coincidono perfettamente: Dio è sempre in atto di esistere e di conoscere e, conseguentemente, non può avere che se medesimo come oggetto intelligibile, adeguato e sempre presente: perciò Dio conosce sé in se stesso. E si conosce perfettamente, cioè conosce totalmente se stesso. Conoscendosi perfettamente, egli conosce anche ciò a cui può estendersi la sua potenza, conosce quindi tutte le cose, essendone la causa, e le conosce non con conoscenza generica, ma distinta e propria, e in se stesso vede anche le cose tutte insieme, mentre l'uomo conosce le cose una dopo l'altra, con scienza discorsiva. Dio, quindi, sa tutto quello che può fare lui e anche quello che possono fare, dire e pensare le creature. Siccome (in quanto eterno) per lui tutto è presente, Dio conosce con scienza di visione quello che è presente o fu o sarà; invece conosce con scienza di semplice intelligenza quello che non è presente e neppure fu o sarà, ma resta soltanto possibile. Dio è quindi *onnisciente*.

All'essere sussistente, essendo dotato di conoscenza, compete anche la volontà. Ora, siccome egli conosce mediante la sua essenza (che è il suo stesso essere sussistente), così anche vuole. Pertanto la volontà di Dio è la sua stessa essenza. Oggetto della volontà è il bene conosciuto. Ora il primo oggetto conosciuto da Dio è l'essenza divina. Dunque l'essenza divina è il termine a cui principalmente si dirige la volontà divina. Inoltre, per qualsiasi essere volente, l'oggetto principale voluto è il suo ultimo fine; poiché il fine è voluto in se stesso, e per esso si vogliono le altre cose (i mezzi). Ora l'ultimo fine è Dio stesso, perché è il sommo bene; quindi egli è il principale oggetto voluto dalla sua volontà. Dio non vuole e non ama soltanto se stesso; con un unico atto, egli vuole e ama oltre che se stesso anche le cose, ma non allo stesso modo. Come infatti conosce le cose solo come imitazioni della sua essenza, così vuole e ama le cose come partecipazioni della sua bontà. Mentre però Dio vuole se stesso necessariamente, le cose le vuole liberamente. La volontà divina ha un rapporto necessario alla sua bontà, la quale è il suo oggetto proprio. Dio vuole dunque necessariamente che esista la sua bontà, come la nostra volontà necessariamente vuole la felicità. Tutte le altre cose Dio le vuole in quanto sono ordinate alla sua bontà, come al loro fine. Siccome, però, la bontà di Dio è assolutamente perfetta in se stessa e può stare senza tutto il resto, non traendo da esso nessun accrescimento di perfezione, ne segue che volere le cose da sé distinte non è necessario per Dio. Come vedremo subito, Dio ha creato il mondo per pura generosità.

La creazione

Dio è il Creatore del mondo, ma perché lo ha creato? Ogni agente agisce per un fine, altrimenti ad ogni azione non potrebbe seguire una cosa anziché un'altra. Ora, agire in ragione di un qualche bisogno è proprio solo di un ente imperfetto. Dio, essendo perfetto, non aveva alcun bisogno di creare il mondo. Egli lo ha quindi creato per un puro e semplice atto di generosità. Lo ha creato per i nostri bisogni, non i per i suoi, in quanto non ne ha alcuno. L'esistenza di ogni creatura (anche la mia e la tua, caro cugino) è un dono gratuito di Dio.

Come ha creato Dio il mondo? Dal nulla. Dio, in quanto essere sussistente, è la fonte originaria di tutto quanto esiste, di tutto quanto partecipa dell'essere. L'atto creativo di Dio, quindi, non presupponeva nulla di preesistente per essere attuato ed è stato un atto creativo proprio in ragione di ciò.

L'universo esiste da sempre? Aristotele riteneva che questo interrogativo avesse una risposta positiva, in quanto per lui Dio non era il Creatore del mondo, ma solo il primo motore immobile. Tommaso d'Aquino, invece, ritiene che non sia possibile stabilire tramite argomenti filosofici se il mondo sia eterno o creato nel tempo, in quanto ciò non può essere dimostrato a partire dal mondo stesso, né dalla sua causa efficiente, che è Dio, in quanto Dio agisce in ragione della sua volontà e la volontà di Dio è imperscrutabile per la nostra nuda ragione. La moderna cosmologia, attraverso la teoria del Big Bang, ci insegna che, molto probabilmente, il nostro universo ha avuto un'origine nel tempo, la scienza (così come la rivelazione biblica) ci dice qualcosa che la filosofia non è in grado di dirci, mostrandoci come Dio abbia voluto creare il mondo nel tempo, invece che dall'eternità. Ciò non toglie che il mondo è creato in quanto gli enti che lo costituiscono non sono il proprio essere, ma partecipano dell'essere, e continuerebbe ad essere tale anche se questa partecipazione non avesse avuto un'origine temporale, ma durasse da sempre.

E che dire della moderna teoria dell'evoluzione? Questa teoria contraddice quanto Tommaso ci insegna in merito alla creazione? Certamente no. Sicuramente egli avrebbe rifiutato l'idea di un'evoluzione fondata sul caso ed il riduzionismo insito in questa. Come ti ho mostrato sopra, infatti, per Tommaso non c'è nulla che non agisca in vista di un fine e, al contempo, gli esseri viventi non sono la semplice somma delle particelle che li compongono, in quanto la differenza che c'è tra la materia vivente e la materia non vivente, così come tra le piante e gli animali, non è semplicemente quantitativa, bensì soprattutto qualitativa. Questo è anche il motivo però per cui Tommaso avrebbe rifiutato la teoria del cosiddetto Disegno Intelligente, in quanto, appunto, questa vuole presentarsi come una teoria di tipo scientifico. La finalità intrinseca dell'azione degli enti, così come la gerarchia ontologica vigente tra i suddetti sono cose che non appartengono al campo d'indagine della scienza, la quale, lo ripeto, si occupa solamente degli aspetti quantitativi della realtà, formulando algoritmi atti a produrre predizioni il più esatte possibili. Ora, non vi è nulla che contraddica l'idea di creazione propugnata dall'Aquinate nel ritenere l'atto creativo di Dio come dispiegato nel tempo. Non c'è nulla che contraddica la medesima idea nel fatto che il cosmo possa essere indagato, nei suoi aspetti quantitativi, dalla scienza sperimentale, la quale ha anche lo scopo di svelarci i meccanismi che soggiacciono allo sviluppo della vita nelle sue varie forme e nel suo perpetuo divenire. L'importante è che non si pretenda che quello che la scienza ha da dirci a tal proposito sia tutto ciò che è possibile dire.

Il migliore dei mondi possibili?

Avrai certamente sentito parlare dell'idea sostenuta dal filosofo tedesco Leibniz secondo cui quello in cui viviamo, nonostante la consistente quantità di mali che lo caratterizzano, è il *migliore dei mondi possibili*. Tale idea deriva dal fatto che generalmente noi riteniamo che una persona saggia scelga sempre la migliore tra le opzioni che ha a disposizione. Essendo Dio assolutamente saggio ed assolutamente potente, certamente, creando il mondo, avrà optato per quello che era in assoluto il migliore dei mondi possibili.

Secondo san Tommaso, però, per ogni cosa che Dio fa, potrebbe sempre farne una migliore. Di conseguenza, questo non è né potrebbe essere il migliore dei mondi possibili. Ciò si può comprendere facilmente se si pensa che ogni bene finito, ed ogni bene creato è necessariamente finito, in quanto composto da essenza ed esistenza (ti ricordo ancora una volta che l'essenza è ciò che in qualche modo circoscrive l'essere e lo limita), è una partecipazione dell'essere. Ora, la distanza che separa l'essere finito dell'essere infinito è sempre infinita, per cui ogni essere finito potrebbe essere sempre migliore di quello che è, pur rimanendo finito. Da qui l'idea che per ogni cosa che Dio fa o potrebbe fare, potrebbe sempre farne una migliore.

Ne deriva che Dio avrebbe potuto creare un mondo migliore o peggiore di quello che ha creato e che la sua opera creatrice è stata assolutamente libera.

Dio e le creature

Siccome la volontà di Dio è la causa di ogni cosa che esiste, egli ama ogni cosa (persino te, caro cugino). Ogni cosa esiste nel modo in cui esiste e partecipa dell'essere nel suo specifico modo perché è Dio a volerlo. Per ogni cosa Dio desidera il bene che questa rappresenta (ricorderai che il bene per Tommaso è un trascendentale) e, siccome amare qualcosa significa volere il suo bene, Dio ama ogni cosa. Ora, però, mentre la nostra volontà è mossa dagli enti ed è buona nella misura in cui questi sono buoni, la volontà di Dio è la causa del bene delle cose e queste sono buone nella misura in cui Dio le vuole.

Ne deriva che Dio non ama tutte le cose allo stesso modo. Siccome, infatti, il bene delle cose è causato dalla volontà di Dio, se egli amasse tutte le cose nel medesimo modo, queste sarebbero tutte ugualmente buone. Dio vuole ed ama quindi le cose in modo diverso. Dio ama te, cugino, molto più di quanto possa amare un passero, poiché tu, in quanto uomo, partecipi dell'essere in modo molto più perfetto di un passero.

Le creature ci conducono a Dio o ci allontanano da lui? È molto diffusa l'idea che le cose del mondo costituiscano una tentazione che ci allontana da Dio. Questa idea si ritrova anche in pensatori cristiani ed in molti nostri contemporanei a cui piace parlare della "spiritualità", anziché della santità, come fine dell'uomo. Secondo Tommaso, invece, le creature non ci allontanano da Dio, bensì ci conducono a lui. Le creature recano in sé le vestigia della perfezione di Dio. Queste allontanano da Dio solo se siamo noi a farci fuorviare, ma il fatto stesso che possano farlo prova che vengono da Dio, in quanto ci attraggono in ragione del bene che è in loro, il quale deriva da Dio, bene assoluto.

La provvidenza divina

Secondo Tommaso, nulla sfugge alla provvidenza divina, in quanto tutto esiste per partecipazione all'essere di Dio. Anche ciò che ci appare come dominato dal caso, quindi, non è tale rispetto a Dio, ed ogni cosa concorre al suo disegno provvidenziale per la creazione. Nulla è quindi realmente casuale, anche in quegli ambiti (come l'evoluzione delle specie viventi, per esempio, o la meccanica quantistica) dove dal nostro punto di vista i fenomeni paiono essere intrinsecamente impredicibili.

Come lavora la divina provvidenza? Come un buon sovrano, Dio governa il cosmo attraverso i suoi subordinati. L'atto del governare ha il compito di condurre alla perfezione gli esseri governati, sarà quindi tanto migliore il governo, quanto maggiore perfezione sarà comunicata, da chi governa, alle cose governate. Ora, si ha certo maggiore perfezione nel far sì che una cosa sia buona in sé e insieme sia causa di bontà nelle altre, che nel render buona la cosa soltanto in se stessa. Dio perciò governa le cose in maniera da rendere alcune di esse causa rispetto al governo di altre: come un maestro che renda i suoi alunni non solo dotti, ma anche capaci d'insegnare agli altri.

Quanto ho appena scritto si ricollega al motivo per cui san Tommaso non avrebbe avuto alcun problema ad accettare l'odierna teoria dell'evoluzione. Egli avrebbe visto l'uso di principi particolari, come quello della selezione naturale, come una manifestazione della perfezione di Dio, che si serve delle creature stesse per governare la propria creazione, invece di intervenire continuamente nella medesima mediante dei miracoli. Tommaso è assolutamente contrario all'idea, insita in tante forme dell'odierno fondamentalismo cristiano, secondo cui ci sarebbe una sorta di rivalità tra Dio e la natura. Secondo questa prospettiva, Dio opera in ogni operante nel senso che nessuna virtù creata può compiere qualche cosa nel mondo, per cui è Dio solo a fare direttamente tutto; cosicché non sarebbe il fuoco a riscaldare, ma Dio nel fuoco, e così in tutti gli altri casi. Ciò è però impossibile. In primo luogo, perché sarebbe tolto dal creato il rapporto tra causa ed effetto. Fatto che denoterebbe l'impotenza del Creatore: perché la capacità di operare deriva negli effetti dalla virtù di chi li produce. In secondo luogo, perché le facoltà operative che si trovano nelle cose sarebbero state conferite loro invano, se le cose non potessero far niente per loro mezzo.

Anche l'uso che l'uomo fa del suo libero arbitrio ricade all'interno del piano provvidenziale di Dio. Questo non toglie che le azioni dell'uomo rimangano fondamentalmente libere. Tutto accade in base all'ordine stabilito dal governo divino, ma fa parte di questo ordine il fatto che i fenomeni naturali accadano in ragione delle leggi naturali, mentre le azioni dell'uomo in ragione del libero arbitrio, che è proprio di quest'ultimo

Il bene e il male

Tommaso si chiede se i mali che accadono nel mondo siano in qualche modo causati da Dio. Dio è causa prima di tutto quanto esiste nel mondo, ma il male non rientra nel novero dell'essere, non è un ente. Il male non è nemmeno, però, la mera assenza di un qualcosa, né certamente una pura illusione. Il male è una privazione. Il male è la mancanza di un bene dovuto ad un qualche ente. In questo senso, è un male la cecità per un uomo, in quanto l'uomo è dotato naturalmente della facoltà della vista, mentre non è un male per un uomo essere privo di ali, in quanto non è proprio della natura umana il possesso di un paio di ali. Ora, siccome il male non è essere, Dio non può esserne la causa diretta, ma è solamente la causa di quegli enti in cui il male si può riscontrare. Dio si limita quindi solo a permettere il male nella misura in cui questo può rientrare nel suo piano provvidenziale e contribuire, in qualche modo, all'ordine dell'universo.

Dio, che è causa prima di ogni cosa, non è però causa del male, né può muovere una creatura verso il male. Il male, come ti ho appena mostrato, non ha un'esistenza propria (non è propriamente un qualcosa), ma è la mancanza di un bene che ci dovrebbe essere. Tale mancanza è legata alla limitatezza della creatura, la quale può ribellarsi al suo Creatore nel peccato.

Per ciò che concerne l'attività peccaminosa, bisogna distinguere un aspetto positivo ed un aspetto negativo. Dio è causa dell'aspetto positivo, ma non dell'aspetto negativo dell'azione peccaminosa. Se, ad esempio, un uomo ruba qualcosa, l'energia fisica e la perizia che egli impiega nel compiere questa sua azione sono certamente qualcosa di buono, ma non il fine dell'azione, il quale non è voluto da Dio, ma è stato scelto liberamente dall'uomo in questione. Dio permette il male perché rispetta le creature, ed in particolare rispetta la nostra libertà. Quello della presenza del male nel mondo rimane comunque un grande mistero. Ciò però che dobbiamo sempre tenere a mente è il fatto che Dio non permetterebbe mai il male se da questo non fosse in grado di trarre un bene maggiore. Dio, quindi, non vuole il male, ma lo permette in vista di un bene maggiore, secondo quelli che sono gli imperscrutabili disegni della sua sapienza e della sua volontà.

Un'altra domanda che san Tommaso si pone a riguardo del male è se sia peggio il male inteso come peccato o il male inteso come pena. Molti pensatori atei si sono concentrati attorno al problema del male inteso come pena, nella convinzione che questo sia il male peggiore. Se Dio, nella sua onnipotenza, nella sua bontà e nella sua onniscienza non impedisce il male inteso come pena (come male materiale), allora significa che o Dio non c'è o non è onnipotente, buono e onnisciente. L'Aquinate però ci insegna che è il peccato (inteso come male morale) il male peggiore. Da ciò ne deriva che Dio può permettere il male inteso come pena per impedire il male inteso come peccato. Questo, ovviamente, non significa che noi si sia sempre in grado di comprendere in che senso questo possa avvenire in merito ai singoli mali che osserviamo attorno a noi. Anzi, spesso ci è davvero impossibile comprenderlo e non ci rimane che affidarci alla consapevolezza di quanto ho scritto poche righe sopra: Dio non permetterebbe un male se ciò non servisse a trarne un bene maggiore.

L'anima umana

Il punto centrale dell'antropologia tomistica concerne la spiritualità dell'anima umana. Tutti gli esseri viventi hanno un'anima. I vegetali e gli animali sono enti materiali e, come tutti gli enti materiali, sono costituti di materia e forma. L'anima altro non è che la forma degli esseri viventi materiali, il loro principio vitale, per così dire. L'anima umana però gode di tre caratteristiche che sono estranee alle anime degli altri esseri viventi (vegetali e animali): è *incorporea* (immateriale o spirituale), *sussistente* e *immortale*. Non temere, mio caro, te ne spiego subito il perché ed il percome.

Mediante l'intelletto, l'uomo può conoscere tutti i corpi, da ciò deriva che l'intelletto umano non può essere di natura corporea, vale a dire materiale. La sua specifica natura corporea, infatti, ci impedirebbe di conoscere gli altri corpi, così come attraverso una lente rossa ci è impossibile percepire i colori che non siano il rosso. Noi possiamo percepire tutti i colori attraverso una lente solo se questa è incolore; così noi possiamo conoscere tutti i corpi attraverso l'intelletto in ragione del fatto che questo è incorporeo.

Ogni cosa ricevuta da qualcos'altro lo è in accordo con la natura di quest'ultimo. Se l'intelletto fosse composto di materia e forma, le forme delle cose conosciute sarebbero ricevute in modo materiale e, pertanto, individualmente (in quanto, come ho già avuto modo di spiegarti, la materia è il principio di individuazione). Così, però, il nostro intelletto conoscerebbe solamente gli individui, come fanno i sensi. Siccome il nostro intelletto conosce invece le forme astratte (dalla materia), ne consegue che questo è di natura immateriale.

Ti spiego meglio. Se il nostro intelletto fosse materiale, come l'occhio, sarebbe in grado di ricevere solo cose materiali, così come l'occhio riceve i fotoni che costituiscono la luce, e non cose immateriali, come la formula che dice che l'energia è pari alla massa moltiplicata per il quadrato della velocità della luce. Questa formula non è fatta di fotoni, ma concerne i fotoni.

L'anima umana, oltre ad essere immateriale, è sussistente, vale a dire che esiste come una sostanza e non semplicemente come un accidente del corpo. Essa esiste in modo indipendente e non ha bisogno del corpo per poter sussistere. Noi non possiamo pensare senza un cervello, ma possiamo esistere anche senza un cervello: la nostra mente non è semplicemente una funzione del nostro cervello. L'intelletto possiede un'operazione propria che prescinde dal corpo, vale a dire il pensiero astratto, distinto dai sensi e dall'immaginazione. E solamente ciò che sussiste (che esiste per proprio conto) può avere un'operazione propria. Ne consegue che l'anima umana, il nostro intelletto, la nostra mente, è un qualcosa di sussistente.

Stabilito quanto sopra, san Tommaso passa a provare che l'anima umana è incorruttibile. Egli nota come una cosa possa essere corrotta in due modi: in sé o accidentalmente. Ora, è impossibile che una sostanza sia generata o corrotta in modo accidentale, cioè in ragione della generazione o della corruzione di qualcos'altro. Pertanto tutto ciò che ha l'esistenza per proprio conto (tutto ciò che è una sostanza) non può essere generato o corrotto che per sé. A differenza dell'anima degli altri animali, che non ha natura sostanziale e quindi si corrompe quando questi muoiono, l'anima umana, in quanto sussistente, non potrebbe corrompersi che per sé. Questo è però impossibile, perché la corruzione di un ente (materiale) avviene quando la forma si separa dalla materia, ma, essendo l'anima umana una forma, questa è incorruttibile, in quanto la forma non può separarsi da se stessa. Quando moriamo la nostra anima (che è la forma del nostro corpo) si separa sì dal corpo, ma, essendo per sé sussistente, non viene meno col venire meno del corpo. Un accidente, come la bianchezza di una colomba, si corrompe quando si corrompe la sostanza a cui inerisce (quando la colomba muore), ma una colomba non muore in ragione del fatto che un'altra colomba muore. L'anima e il corpo sono due cose distinte. Ciò che può corrompere il secondo, in quanto materiale, non può corrompere la prima.

E qui è necessario che presti particolare attenzione, caro cugino. Tommaso non vuole asserire che l'anima e il corpo siano due sostanze distinte (lui non è un platonico). L'uomo è un'unica sostanza, non due. L'anima è la forma del corpo ed il corpo è la materia a cui tale forma inerisce. L'anima umana è però anche una sostanza, oltre ad essere la forma di un corpo. Se questa fosse solamente la forma di un corpo (così come avviene per l'anima degli animali), non potrebbe sopravvivere alla morte di quest'ultimo. L'anima umana è però sussistente e, pertanto, sopravvive anche quando, con la morte del corpo, si separa da quest'ultimo.

Una riprova di questa verità si può ricavare dal fatto che ogni essere desidera naturalmente di esistere nel modo ad esso conveniente. Ma negli esseri dotati di conoscenza il desiderio segue la cognizione. Ora, mentre i sensi conoscono l'essere soltanto nelle circostanze particolari di luogo e di tempo, l'intelletto percepisce l'essere su un piano assoluto e rispetto ad ogni tempo. Per questo ogni essere dotato di intelletto desidera naturalmente di esistere sempre. Un desiderio naturale non può esser vano. Dunque ogni sostanza intellettuale è incorruttibile.

Questo ultimo argomento potrà suonare particolarmente strano alle tue orecchie. Oggi viviamo in un'epoca molto più cinica di quella in cui visse san Tommaso. La teoria dell'evoluzione, nella sua classica interpretazione casualistica, ci induce a pensare che non sia affatto vero il principio secondo cui ogni desiderio naturale non può essere invano. L'idea di fondo è che noi non si sia che il disperato prodotto di un tiro di dadi gettato in un cosmo gelido e spietato, il quale non si cura affatto di noi, dei nostri desideri, dei nostri sentimenti e delle nostre speranze. Come ho scritto poco sopra, però, per l'Aquinate le cose non stanno affatto così. Noi non siamo frutto del caso, ma siamo stati voluti da Dio così come siamo ed egli ci ama così come siamo. Egli non avrebbe mai iscritto nella nostra stessa natura di enti razionali dei desideri vani, dei desideri che non possano per principio essere soddisfatti.

A questo punto mi pare quasi di sentirti porre una domanda: se l'anima è immortale, per quale ragione si trova unita ad un corpo mortale? Per il semplice fatto che noi non siamo angeli, enti cioè puramente spirituali, ma spiriti incarnati; le nostre anime sono state concepite e create da Dio quali forme dei nostri corpi. I nostri corpi non sono prigioni per le nostre anime, ma sono anzi ciò che, attraverso i sensi, permette alle stesse di avere conoscenza di qualcosa. Senza l'apporto dei sensi e delle immagini sensibili noi non potremmo avere conoscenza di alcunché.

L'uomo è essenzialmente differente dagli animali perché la sua anima è di natura spirituale e, al contempo, è essenzialmente differente dagli angeli perché la sua anima è la forma di un corpo. Quella di Tommaso è, per così dire, una via di mezzo tra lo spiritualismo ed il materialismo che gli permette di sostenere, da una parte, la spiritualità e l'immortalità dell'anima e, dall'altra, l'essenziale unità psicosomatica degli esseri umani. L'anima umana è per essenza la forma di un corpo, per cui questo, come scrivevo sopra, non è una sorta di prigione per la suddetta, bensì, per così dire, il suo "luogo" naturale. L'anima è unita al corpo per il suo bene ed il corpo esiste per poter fornire all'anima i mezzi (i sensi) con cui questa può entrare in contatto con la realtà ed avere conoscenza della medesima.

L'Aquinate ci insegna che la forma non esiste in funzione della materia, ma è la materia che esiste in funzione della forma. Senza forma non si dà materia che possa dirsi esistente. Questo lo pone agli antipodi di ogni tipo di materialismo e di riduzionismo. Al contrario dei riduzionisti odierni, che tendono a ricondurre i fenomeni mentali ai processi elettrochimici che animano la nostra corteccia cerebrale, Tommaso spiega il fisiologico in funzione dell'anima intellettiva: l'anima non è un prodotto del corpo, ma è il corpo che esiste per garantire il bene dell'anima e fornirle gli strumenti di cui necessita per poter svolgere pienamente le funzioni che le sono proprie.

L'unità dell'anima umana

Ai tempi di san Tommaso era in corso una controversia tra i filosofi concernente l'unità dell'anima umana. Si discuteva se l'uomo avesse solamente un'anima o se ne avesse tre: una *vegetativa* (capace di infondergli la vita), una *sensitiva* (capace di dotarlo dei sensi e degli appetiti) ed una *razionale* (capace di farlo pensare). Rifacendosi alla lezione di Aristotele, il Nostro sostiene che nell'uomo c'è una sola anima (quella razionale), in quanto, se così non fosse, in questo non vi potrebbe essere alcuna unità. Ciò lo si desume (prendi bene nota, caro cugino) dal fatto che non è il corpo a dare unità all'uomo, ma l'anima, in quanto non è l'anima ad essere contenuta nel corpo, bensì è il corpo ad essere contenuto nell'anima. In senso generale, infatti, è la forma a contenere la materia, dandole appunto forma. L'anima è la forma del corpo ed è il corpo, quindi, ad essere contenuto nell'anima, che lo delimita, per così dire. È quindi necessario dedurne che gli uomini possiedono una sola anima dotata di tre facoltà (vegetativa, sensitiva e razionale).

Tommaso spiega le differenti facoltà dell'anima in questo modo: la facoltà vegetativa è quella che concerne il solo corpo a cui l'anima è unita; la facoltà sensitiva ha un oggetto più universale, vale a dire ogni oggetto sensibile, non solo quello a cui l'anima è unita; l'anima razionale ha un oggetto ancora più universale, in quanto non si limita agli oggetti sensibili, ma comprende tutto l'essere nel senso più universale del termine.

Ma se l'anima non è nel corpo, è possibile perlomeno localizzare in qualche modo le sue facoltà in particolari parti del corpo? No. L'intelletto, infatti, non è nel cervello, nel cervello ci sono i neuroni.

L'anima è presente nella sua interezza in ogni parte del corpo a cui inerisce. Se l'anima fosse unita al corpo solo come principio del suo mutamento, questa non sarebbe in ogni parte del medesimo, ma solo nella parte che muove le altre. Siccome, però, l'anima è unita al corpo come sua forma, questa deve essere necessariamente in tutto il corpo e, al contempo, tutta in ogni sua singola parte. Una prova di questo è data dal fatto che come l'anima (con la morte) si separa dal corpo, ogni parte del medesimo smette di compiere quanto gli è proprio.

Tommaso ci insegna che la relazione che intercorre tra la ragione e gli appetiti è come quella che c'è tra il re ed i suoi sudditi, lì dove la relazione che intercorre tra l'anima ed il corpo è invece di tipo dispotico. Un regime si dice dispotico, quando si governano degli schiavi, i quali non hanno facoltà alcuna di resistere all'ordine del padrone, perché non hanno più niente di proprio. Invece si ha un principato politico e regale, quando si governano degli uomini liberi, i quali, benché siano soggetti all'autorità di un capo, conservano tuttavia qualche cosa di proprio, che dà loro la possibilità di resistere a chi comanda. Allo stesso modo l'anima governa il corpo con un dominio dispotico, perché le membra di esso non possono affatto resistere al comando dell'anima, ma immediatamente la mano o il piede si muovono dietro l'impulso appetitivo dell'anima; e così ogni membro, che per natura si muove dietro l'impulso della volontà. Ora, l'intelletto, o ragione, comanda l'appetito sensibile con un potere politico o regale: perché l'appetito sensibile ha qualche cosa di proprio, per cui può resistere al comando della ragione. Infatti, l'appetito sensibile può subire naturalmente anche l'impulso dell'immaginazione e del senso; e non soltanto quello della ragione. E così noi sperimentiamo che gli appetiti si oppongono alla ragione, quando sentiamo o immaginiamo un piacere che la ragione proibisce, oppure quando concepiamo una cosa sgradevole che la ragione comanda. Sebbene, però, gli appetiti contrastino in qualche caso con la ragione, non si esclude che le obbediscano.

Ci sono due livelli di potenze cognitive, la potenza *sensibile* e quella *intellettiva*, ed abbiamo altresì due livelli di potenze appetitive, l'appetito sensibile e l'appetito razionale, gli istinti e la volontà. Il bene è l'oggetto della volontà così come il vero è l'oggetto dell'intelletto. Di tutti gli oggetti della volontà, il maggiore, il più desiderabile è la felicità. Solo la felicità è desiderata necessariamente da ogni individuo, tutti infatti desiderano necessariamente il bene supremo quale nostro fine. La volontà è però libera di scegliere tra le differenti concezioni relative alla natura della felicità ed è anche libera di scegliere i mezzi per raggiungerla.

L'origine dell'anima umana

Se hai compreso bene il discorso che facevo sopra a proposito del principio di proporzionalità della causa, avrai già intuito come l'anima umana non possa derivare dalla materia. San Tommaso dimostra come è la natura spirituale dell'anima stessa ad esigere che la sua origine sia dovuta ad un intervento diretto di Dio. Infatti, l'anima non può essere prodotta da una preesistente sostanza materiale, essendole superiore; né può essere prodotta da una preesistente sostanza spirituale, poiché le sostanze spirituali (a differenza delle materiali) non si trasmutano l'una nell'altra. Ne deriva che l'anima umana deve essere prodotta direttamente dal nulla, cioè che deve essere creata e, visto che la creazione è un qualcosa che appartiene solo a Dio, che deve essere creata immediatamente da Dio.

Il libero arbitrio

Esistono dei beni particolari che non hanno una connessione necessaria con la felicità, poiché senza di essi uno può ugualmente essere felice: e la volontà non aderisce necessariamente ad essi. Ve ne sono invece di quelli che hanno una connessione necessaria con la felicità, e sono quelli mediante i quali l'uomo si unisce a Dio, nel quale solo consiste la vera felicità. Prima però che la necessità di tale connessione venga mostrata nella certezza della visione beatifica, la volontà non aderisce per necessità a Dio e alle cose di Dio.

Come ti illustrerò più sotto, Tommaso ci mostra come solo Dio possa essere la fonte della vera felicità per l'uomo. I singoli, però, possono ignorare una tale verità e possono quindi indirizzarsi verso dei falsi idoli (che possono essere il denaro, la fama, la salute, ecc.). Noi vogliamo essere felici, ma non vogliamo necessariamente esserlo con Dio, anche se in lui consiste la vera felicità, perché non necessariamente sappiamo o crediamo che sia così. Allo stesso modo, non è necessario che noi si perseguano la conoscenza e le virtù perché, pur essendo queste indispensabili per condurci a Dio e pertanto alla nostra felicità, non è detto che noi si sappia o si creda che lo siano.

San Tommaso ritiene che gli uomini dispongano del libero arbitrio. Il suo argomento in difesa di questo principio è estremamente semplice: l'uomo possiede il libero arbitrio poiché sarebbero altrimenti vani i consigli, le esortazioni, i precetti, le proibizioni, i premi e le pene. Se non avessimo il libero arbitrio, saremmo differenti dagli animali solo di grado e non di sostanza.

Ma come conciliare il libero arbitrio con l'assoluta sovranità di Dio sul cosmo? Non è libero ciò che è mosso da altri. Ma Dio muove la volontà. Perciò l'uomo non ha il libero arbitrio. Come risponde Tommaso ad una tale obiezione?

Risponde nei termini che seguono. Il libero arbitrio è causa del suo operare; perché l'uomo muove se stesso all'azione per mezzo del libero arbitrio. Tuttavia la libertà non esige necessariamente che l'essere libero sia la prima causa di se stesso, come per ammettere che uno è causa di un altro non si richiede che ne sia la causa prima. Dio pertanto è la causa prima, che muove le cause naturali e quelle volontarie. E come col muovere le cause naturali non toglie che i loro atti siano naturali, così muovendo le cause volontarie non toglie alle loro azioni di essere volontarie, ma anzi è proprio lui che le fa essere tali: infatti egli opera in tutte le cose conformemente alle proprietà di ciascuna.

Anima e corpo

Tommaso ci insegna che noi conosciamo noi stessi riflettendo sulla nostra conoscenza del mondo. Prima viene la conoscenza sensoriale delle cose materiali, poi viene la nostra consapevolezza di essere coloro che conoscono tali cose materiali. Ovviamente, tale successione non deve però essere intesa in senso temporale, ma logico.

Al contrario dei platonici, Tommaso non ritiene che l'uomo sia in possesso di idee innate, ma che possieda delle potenze innate e ritiene che questi giunga alla conoscenza delle forme immateriali (quelle che Platone chiamava idee) astraendole dalle cose materiali. Tali forme esistono in tre "luoghi": *ante rem*, *in re* e *post rem*; prima della cosa, nella cosa e dopo la cosa; vale a dire nella mente di Dio (autore di tutto quanto esiste), nell'ente creato e nella nostra mente, dopo che l'abbiamo astratta dalla cosa.

Anche quando le idee sono nella nostra mente grazie all'astrazione, non potremmo comprenderle senza l'aiuto dell'immaginazione, senza tornare alle immagini sensibili (i *fantasmi*). Noi necessitiamo di esempi concreti per comprendere i principi astratti. In questo, Tommaso è più prossimo all'empirismo che al razionalismo. Ciononostante, l'Aquinate è dell'idea che l'anima, anche quando dopo la morte è separata dal corpo, conservi il proprio atto intellettivo. La mente infatti non è il prodotto della materia.

La mente umana è comunque condizionata dal fatto di essere legata ad un corpo e ad un cervello. Tommaso non sarebbe stato probabilmente sorpreso dalle recenti scoperte in ambito neurobiologico a riguardo del rapporto tra lo stato chimico-fisico del tessuto cerebrale ed i vari stati di coscienza. Questo, infatti, è proprio quanto ci si deve aspettare nel momento in cui, come fa l'Aquinate, si dice che l'anima (anche se sussistente) è la forma di un corpo.

Intelletto e volontà

Un altro tema essenziale dell'antropologia filosofica di Tommaso è quello relativo al rapporto esistente tra la *volontà* e l'*intelletto*. La filosofia greca aveva individuato l'intelletto come la più alta e nobile facoltà dell'uomo; dall'altra parte, la tradizione biblica sembrava individuare nell'amore, che è un atto della volontà, la componente più importante dello spirito umano. Secondo Tommaso sia la filosofia greca che la Bibbia ci dicono qualcosa di vero e le loro due differenti posizioni possono essere conciliate (anche se, come emergerà dal prossimo capitolo, il Nostro è per molti versi più un "intellettualista" che un "volontarista"). A tal fine è però necessario fare due importanti distinzioni: la prima concernete i due differenti oggetti delle due potenze, la seconda concernente i due differenti modi cui queste possono agire l'una sull'altra.

Una cosa può muoverne un'altra in due maniere. Primo, sotto l'aspetto di fine: come quando si dice che il fine muove la causa efficiente. E in questo modo è l'intelletto a muovere la volontà; perché il bene intellettualmente conosciuto è oggetto della volontà e la muove come fine. Secondo, sotto l'aspetto di causa agente; come l'elemento alterante muove quello che viene alterato, e ciò che spinge muove la cosa sospinta. In questo modo la volontà muove l'intelletto e tutte le potenze dell'anima.

Per dirla in termini che ti siano più facilmente comprensibili: la volontà è il "pilota" dell'anima, lì dove l'intelletto è il "navigatore".

Si comprende quindi la ragione per cui queste potenze si includono a vicenda con i loro atti; poiché l'intelletto conosce che la volontà vuole; e la volontà vuole che l'intelletto conosca. Analogamente, il bene è incluso nel vero, in quanto è un vero conosciuto dall'intelletto; e il vero è incluso nel bene, in quanto è un bene desiderato.

La felicità

La *felicità* è la condizione di perfetto appagamento dei propri desideri in cui si assommano tutti i beni ed è il tema fondamentale della *morale*. Secondo Tommaso, infatti, la morale è la scienza che dice all'uomo ciò che deve fare per realizzarsi pienamente e, in tal modo, conseguire appunto la felicità (o beatitudine).

Ma qual è l'oggetto della felicità? Seguendo puntualmente l'insegnamento del suo maestro Aristotele, san Tommaso ci dice che a rendere pienamente felice l'uomo non possono essere le ricchezze, gli onori, i piaceri, la fama, il potere, il sapere e altre cose del genere. Ciò perché queste cose appagano solo il corpo o sono troppo aleatorie e incerte e non contribuiscono alla piena realizzazione dell'uomo. Per l'uomo ci vuole un bene infinito, il solo che si adegui alla capacità infinita delle sue facoltà spirituali, l'intelletto e la volontà. Ne deriva che l'unico oggetto che può appagarlo pienamente e renderlo così realmente felice non è altri che Dio.

La felicità non deve essere intesa come uno stato di inerzia, perché l'inerzia non perfeziona nessun essere, ma deve necessariamente consistere nell'esercizio di una qualche attività. La felicità consiste in un'attività intellettiva: la contemplazione di quella realtà che con il suo fulgore e la sua bellezza può pienamente appagarla, vale a dire la contemplazione di Dio.

Per san Tommaso, è impossibile che la felicità stessa, nella sua essenza, consista in un atto della volontà. Risulta infatti evidente che la felicità è il conseguimento dell'ultimo fine. Ma il conseguimento dell'ultimo fine non è un atto della volontà. Infatti la volontà si volge al fine o per desiderarlo, se assente, o per acquietarsi in esso, se presente. Ora, è chiaro che il desiderio del fine non è il conseguimento del fine, ma piuttosto un moto verso il fine. Il godimento poi sopravviene alla volontà per il fatto che il fine è presente, mentre non è vero, al contrario, che una cosa diviene presente perché la volontà ne gode. Si richiede perciò che vi sia un atto diverso da quello della volontà per rendere il fine presente alla volontà medesima. Dapprima infatti c'è la volontà di conseguirlo; poi ne abbiamo il conseguimento per il fatto che esso diviene a noi presente mediante un atto dell'intelletto; finalmente la volontà appagata si acquieta nel fine già posseduto. Così dunque l'essenza della felicità consiste in un atto dell'intelletto; alla volontà invece spetta il godimento che accompagna la felicità.

Le passioni

L'anima umana ha una sua gerarchia interna. Le sue potenze più nobili sono l'*intelletto* e la *volontà*, mentre sotto di queste ci sono le *passioni*. Le passioni si dividono in due categorie: le passioni dell'appetito *concupiscibile* e le passioni dell'appetito *irascibile*. Le passioni derivano dal fatto che l'anima umana è la forma di un corpo.

Le passioni concupiscibili servono a garantire la sopravvivenza personale (il desiderio di cibo, acqua e di riposo) e la sopravvivenza della specie umana (la pulsione sessuale). Le passioni irascibili sono quelle che si esplicano nelle situazioni in cui l'alternativa è fuggire o attaccare. Queste includono l'ira e la paura.

Platone ci ha fornito un'immagine molto indicativa del rapporto tra l'intelletto, la volontà e le passioni. Egli ha comparato l'anima ad una biga trainata da due cavalli. L'auriga è l'intelletto. Dei cavalli che trainano la biga, uno è l'appetito irascibile e l'altro è l'appetito concupiscibile. La volontà è rappresentata dalle redini che l'auriga regge nelle proprie mani. Se l'auriga utilizza le redini in modo corretto, può condurre i cavalli dove vuole, ma, se lascia andare le redini, i cavalli si imbizzarriranno e condurranno la biga dove vogliono loro.

Tommaso ha un'idea molto simile per ciò che concerne l'anima umana. Siccome siamo degli spiriti incarnati, facciamo esperienza delle passioni piacevoli e di quelle spiacevoli. A differenza degli animali, però, noi possiamo controllare le nostre passioni, in quanto la nostra è un'anima razionale.

L'Aquinate elenca undici passioni: sei facenti capo all'appetito concupiscibile e cinque facenti capo all'appetito irascibile. Le passioni del concupiscibile riguardano il bene assoluto, mentre quelle dell'irascibile un bene particolare, quello che è difficile da conseguire. Di conseguenza il concupiscibile precede l'irascibile. Le passioni, tranne una, sono ordinate in coppie di opposti. Le passioni concupiscibili sono: *amore* e *odio*, *desiderio* e *fuga*, *piacere* e *tristezza*. Le passioni dell'irascibile sono: *speranza* e *disperazione*, *paura* e *audacia*, *ira* (che non ha una passione opposta).

Come operano le passioni? I moti dell'appetito umano sono forze di attrazione. Le passioni concupiscibili, come ti accennavo sopra, sono legate al bene o al male considerato in modo assoluto. Ogni volta, caro cugino, che provi il desiderio di ingozzarti di cioccolata, di guardare un porno, di odiare tua suocera o di evitare di confessare i tuoi peccati, stai esperendo una passione concupiscibile. Ogni volta che hai voglia di prendere qualcuno a pugni o di fare un gestaccio a qualcuno che ti ha tagliato la strada con la sua automobile, stai esperendo una passione irascibile.

Quando un bene si presenta alla nostra attenzione, sorge in noi l'amore per il medesimo; quando è invece un male che si palesa, sorge in noi l'odio. Questa è la prima coppia di passioni concupiscibili: amore e odio. Ora, se il bene non è alla nostra immediata portata, l'appetito sensibile ci muove verso di lui. Questa è la passione del desiderio. Se si tratta di un male, allora c'è la fuga. Ed ecco la seconda coppia: desiderio e fuga. Infine, quando si ottiene il bene, allora sorge la passione del piacere, in caso contrario, si ha la tristezza. Ed ecco la terza coppia di passioni concupiscibili: piacere e tristezza.

Passiamo ora alle passioni irascibili, quelle che concernono il bene ed il male che sono difficili o ardui. A riguardo di un bene che non abbiamo ancora ottenuto, c'è la speranza o la disperazione. Quando un male si sta approssimando, possiamo provare paura o audacia. L'ultima passione irascibile, l'ira, si prova quando si perde in modo ritenuto ingiusto un bene posseduto. Questa passione non ha un opposto, in quanto il possesso di un bene non suscita in noi alcuna passione irascibile, poiché tale situazione non comporta nulla di difficile o arduo con cui confrontarsi.

In sé le passioni non sono né buone né cattive. Questo perché un atto umano ha un valore morale solamente quando sono coinvolti l'intelletto e la volontà. Le passioni, quindi, assumono un valore morale solo nella misura in cui sono soggette all'intelletto e alla volontà. Per comprendere questa verità ti basterà pensare all'agire dei bambini. I bambini agiscono in base a quelle che sono le loro passioni. Spesso, ad esempio, hanno paura di ciò di cui non c'è motivo di aver paura, si intrattengono con sconsiderata audacia in giochi pericolosi o mangiano dolci fino a farsi venire il mal di pancia. Noi però non biasimiamo i bambini perché si comportano in questo modo, in quanto, appunto, costoro non hanno ancora raggiunto l'età della ragione. In un adulto, invece, tali comportamenti assumono un valore morale e questi può essere giustamente biasimato se vi si intrattiene.

Anche per gli adulti, però, non è facile tenere sotto controllo le proprie passioni. Per farlo è necessario sviluppare degli abiti specifici, delle disposizioni per determinati comportamenti positivi che vengono chiamate virtù.

Le virtù

Come ti accennavo, la *virtù* è una disposizione operativa per fare il bene o, secondo la definizione di sant'Agostino, ripresa da Tommaso, "è una qualità buona della mente umana per cui rettamente si vive e di cui nessuno fa cattivo uso". Secondo l'insegnamento di Aristotele, le virtù si dividono in due categorie: le virtù *dianoetiche* o speculative e le virtù *etiche* o pratiche. Questa divisione si fonda sul fatto che, come certamente ricorderai, nell'anima umana vi sono due principi supremi: l'intelletto e la volontà.

Gli abiti intellettuali si possono chiamare virtù non perché facciano essi stessi operare il bene, in quanto ciò è proprio della volontà, ma perché ci procurano la capacità di operare il bene. Le virtù speculative sono tre: l'*intelletto*, che consiste nell'intuizione dei principi primi; la *scienza*, che è la cognizione ragionata e piena dei diversi generi di cose; la *sapienza*, che è la conoscenza profonda che arriva agli ultimi perché delle cose.

Le virtù etiche o pratiche sono invece quattro. Queste vengono dette anche *virtù cardinali* e sono: la *prudenza*, la *giustizia*, la *temperanza* e la *fortezza*. San Tommaso ci offre una spiegazione rigorosa del motivo per cui le virtù etiche siano esattamente queste. Il numero di certe cose, nota, può essere desunto o in base ai princìpi formali o in base ai soggetti: e in tutti e due i modi si riscontrano quattro virtù cardinali. Infatti il principio formale delle virtù delle quali ora parliamo è il bene della ragione. E questo può essere considerato sotto due aspetti. Primo, in quanto si attua nell'esercizio medesimo della ragione. E allora abbiamo la prima virtù principale, che è la *prudenza*. Secondo, in quanto l'ordine della ragione viene imposto ad altre cose. E allora o si tratta di operazioni, e così avremo la *giustizia*, o si tratta di passioni, e in questo caso si richiedono due virtù. Infatti l'ordine della ragione rispetto alle passioni va imposto in considerazione della ripugnanza di queste ultime alla ragione stessa. E questa può presentarsi in due modi. Primo, in quanto la passione spinge verso cose contrarie alla ragione: e allora è necessario reprimerla, e da ciò viene il nome della *temperanza*. Secondo, in quanto la passione trattiene dal compiere ciò che la ragione comanda, come fa, per esempio, il timore dei pericoli o della fatica: e allora è necessario che uno venga fortificato per non recedere dal bene di ordine razionale, e da ciò viene il nome della *fortezza*. E anche in base ai soggetti risulta il medesimo numero. Infatti per le virtù di cui parliamo si possono riscontrare quattro sedi distinte: un soggetto razionale per essenza, il cui perfezionamento è affidato alla *prudenza*, e un soggetto razionale per partecipazione, il quale si suddivide in tre facoltà, cioè nella volontà, che è la sede della *giustizia*, nel concupiscibile, che è la sede della *temperanza* e nell'irascibile, che è la sede della *fortezza*.

La prudenza è la disposizione a prendere le decisioni appropriate. Questa è l'attitudine a scegliere i mezzi appropriati per il raggiungimento del fine. La prudenza non riguarda il fine ultimo, la felicità, che compete alla sapienza. Il fine ultimo, infatti, è Dio e compete alla sapienza avere un retto giudizio delle cose divine. Se però la sapienza è massima tra le virtù speculative, la prudenza è massima tra le virtù pratiche. Questa è una virtù sommamente necessaria per la vita umana. Infatti il ben vivere consiste nel ben operare. Ma perché uno operi bene non si deve considerare solo ciò che compie, ma anche il modo in cui lo compie: si richiede cioè che agisca non per un impeto di passione, ma seguendo un'opzione retta. La buona predisposizione di un uomo rispetto ai mezzi richiede il diretto intervento di un abito della ragione: poiché deliberare e scegliere atti aventi per oggetto i mezzi appartiene alla ragione. È quindi necessario che nella ragione vi sia una virtù intellettuale che le conferisca una predisposizione retta nei riguardi dei mezzi ordinati al fine. E questa virtù è la prudenza. Quindi la prudenza è una virtù necessaria a ben vivere.

San Tommaso definisce la giustizia come la ferma e costante volontà di dare a ciascuno ciò che gli è dovuto. La giustizia è la virtù che ordina la persona all'altro e che fa sì che debba rispettare sempre tale alterità. L'altro abbraccia anche la comunità. Di conseguenza, il dare a ciascuno il suo comprende sia il dovere del singolo verso il singolo, sia il dovere del singolo di contribuire al bene comune, sia il dovere della comunità di dare il loro ai singoli.

La temperanza è la disposizione a trattenere l'appetito dalle cose che più attraggono l'uomo. Questa regola le passioni che tendono ai beni sensibili e cioè le concupiscenze ed i piaceri. La temperanza non tende ad annullare i piaceri, bensì a moderarne l'uso, ponendo così in essi una giusta misura o regola, conformemente alla retta ragione, in modo tale che anche i piaceri siano finalizzati all'attuazione di quel progetto di piena umanità a cui ognuno di noi deve aspirare e verso cui deve convogliare tutte le risorse del proprio essere, ivi inclusi i piaceri sensibili.

La fortezza è la virtù che sottopone l'appetito alla ragione in tutto ciò che si riferisce alla vita e alla morte. Questa si esercita quando la paura ci ritrae dalle difficoltà e quando l'audacia ci porterebbe a degli eccessi ed è quindi repressiva della paura e moderativa dell'audacia. Chi è forte sa anche far uso della passione dell'ira, che come tutte le passioni in sé non né buona né cattiva, ma dell'ira moderata, non di quella sregolata. La fortezza sostiene la volontà del bene di fronte ai mali corporali, fino al più grande di essi: la morte.

Tommaso definisce la virtù come una qualità dell'anima, la persona virtuosa è colui che ha acquisito l'abitudine a comportarsi nella maniera giusta. La morale è un qualcosa di connaturato all'uomo. La natura umana è dotata di certe potenze che gli abiti tendono a perfezionare. L'intelletto si conforma in modo appropriato tramite la prudenza; la volontà si conforma in modo adeguato mediante la giustizia; l'appetito irascibile si conforma correttamente mediante la fortezza; l'appetito concupiscibile si conforma correttamente tramite la temperanza. L'uomo virtuoso non fa solamente la cosa giusta, l'uomo virtuoso è colui che fa abitualmente la cosa giusta.

Le virtù devono essere coltivate. Queste, come i nostri muscoli, si rafforzano con l'esercizio. Per imparare ad essere giusti, dobbiamo sforzarci di fare la cosa giusta cominciando dalle piccole cose, magari evitando di dire bugie in qualsiasi circostanza o dicendo sempre grazie al barista che ci prepara il caffè al mattino. Per imparare ad essere temperanti, dobbiamo cominciare, ad esempio, imponendoci di fare le piccole cose che non ci piacciono, come lavare i piatti o portare a spasso il cane. In questo modo, passo dopo passo, acquisiremo la disposizione a comportarci in modo retto ed il farlo ci costerà sempre meno fatica, in quanto le virtù avranno rafforzato le nostre capacità naturali.

In questo consiste la vita morale, mio caro. Iniziare facendo le cose piccole nella maniera corretta. Formare attivamente la propria coscienza. Ricercare la verità. Evitare che il nostro intelletto si oscuri. Sottomettere le passioni alla retta ragione. Fare questo tutti i giorni. Quando si fallisce, non demordere. In questo modo ci si abituerà a fare con facilità la cosa giusta nelle cose piccole per essere pronti a farlo con altrettanta facilità nei momenti cruciali della nostra vita.

La legge

San Tommaso ci dice che sono tre gli elementi che concorrono a determinare la moralità di un atto umano: l'*intenzione*, le *circostanze* e l'*oggetto*. Ora, l'intenzione è un qualcosa di soggettivo, mentre le circostanze sono relative ad una specifica situazione. Solo l'oggetto dell'atto umano è un qualcosa di oggettivo ed assoluto ed è di questo che si occupa la *legge*. Il Nostro non ritiene che la legge sia l'elemento più importante della morale: la sua, come ti ho mostrato nel precedente capitolo, è una morale delle virtù. Ciononostante, egli dedica molto spazio nelle sue opere a discutere di questo tema. Trattare dello stesso mi sembra quindi il modo più appropriato di chiudere questo mio breve libro dedicato alla filosofia tomistica. Abbi ancora un po' di pazienza, l'argomento è abbastanza articolato, ma cercherò di affrontarlo nella maniera più rapida ed indolore che mi sia possibile.

La legge viene definita da san Tommaso come un comando della ragione ordinato al bene comune, promulgato da chi è incaricato di una comunità. Secondo il Nostro la legge si divide in *eterna*, *naturale*, *umana* (o positiva) e *rivelata*. Qui, però, non mi occuperò della legge rivelata, in quanto questa è di interesse teologico e non filosofico.

La legge eterna è quella che occupa il primo posto rispetto a tutte le altre leggi, le quali non sono che una partecipazione imperfetta di questa. La dimostrazione dell'esistenza della legge eterna ricalca quelle dell'esistenza di Dio: l'esistenza della legge naturale e della legge positiva, finite e partecipate, che in se stesse sono carenti di un adeguato fondamento, rinvia ad una legge suprema, assoluta (non partecipata), eterna e non mutevole. La legge implica un principio, una ragione direttiva dell'agire verso il fine. Ora, in una serie ordinata di motori è necessario che l'impulso del secondo derivi dall'impulso del primo: poiché il secondo non muove che in forza del primo motore. E si può riscontrare la stessa cosa a proposito dei governanti, poiché il piano di governo deriva dal capo ai dipendenti: come le disposizioni relative al governo di uno stato derivano dal re mediante il comando imposto agli ufficiali subalterni. Del resto anche nel campo della tecnica la direttiva del lavoro giunge agli artefici subalterni, che lo compiono con le loro mani, partendo dall'architetto. Essendo quindi la legge eterna il piano o ragione di governo esistente nel supremo governante, è necessario che tutte le direttive dei governanti subalterni derivino dalla legge eterna. Cosicché tutte le azioni derivano dalla legge eterna nella misura in cui si uniformano alla retta ragione.

Un secondo argomento a favore dell'esistenza della legge eterna è tratto dalla necessità che Dio, Creatore di tutto l'universo, sia anche il legislatore universale. Nell'intelletto divino non esistono solo i modelli formali delle cose, che sono le varie possibili imitazioni e partecipazioni dell'infinita perfezione di Dio stesso, esiste anche il piano dell'ordine universale, che Dio pone in atto con la duplice azione della creazione e della provvidenza, ed esiste la legge eterna come norma dell'ordine delle cose, di ogni azione o moto. Se la provvidenza di Dio è il piano concreto dell'ordine particolare di ogni cosa al fine, la legge eterna è il piano astratto dell'ordine delle cose al fine.

La legge eterna è la regola universale per ogni forma di agire: sia dell'agire istintivo delle creature irrazionali, sia dell'agire libero delle creature razionali. Il suo rapporto con questi due ordini di creature è però diverso: alle creature irrazionali si impone necessariamente, alle creature razionali si impone tramite la conoscenza e la libera accettazione. A differenza delle creature irrazionali, quindi, quelle razionali possono deviare dalla legge eterna e compiere il male. Nei malvagi l'inclinazione naturale alla virtù è depravata dal vizio, e la stessa conoscenza naturale del bene viene ottenebrata dalle passioni e dagli abiti peccaminosi. Perciò i buoni sono soggetti perfettamente alla legge eterna, in quanto agiscono sempre uniformandosi ad essa. Mentre i malvagi vi sono anch'essi soggetti, però imperfettamente rispetto al loro agire spontaneo, data l'imperfezione della loro conoscenza e della loro inclinazione al bene. Quanto però manca nell'agire viene compensato dal subire: poiché questi ultimi sono costretti a subire il dettame della legge eterna, nella misura in cui si rifiutano di compiere quanto ad essa è conforme.

Secondo san Tommaso nessuno può conoscere direttamente la legge eterna, così come nessuno può conoscere direttamente Dio. Come Dio, la legge eterna può essere conosciuta attraverso le sue partecipazioni o irradiazioni, in primo luogo attraverso la legge naturale e la legge positiva.

La legge naturale è quella che trae le norme e i criteri dell'agire umano direttamente dalla natura specifica dell'uomo. In questo contesto "naturale" non significa un qualcosa di imposto dalla natura, in quanto la legge morale suppone sempre la mediazione della ragione, significa piuttosto un qualcosa che è conforme alle esigenze della natura umana. È la ragione che, intuendo le esigenze fondamentali dell'uomo, stabilisce che cosa conviene e non conviene compiere per soddisfarle nel modo più pieno. La legge naturale è quella regolamentazione degli atti umani che la ragione trae direttamente dalla natura umana, esaminando ciò per cui l'uomo ha una inclinazione naturale, cogliendolo come buono e traducendolo in azione.

Secondo il Dottore Angelico, ci sono tre livelli di inclinazioni naturali fondamentali che fanno da guida alla ragione per cogliere la legge naturale: quella che l'uomo ha in comune con tutti gli enti (perseverare nell'essere), quella che ha in comune con gli altri animali (conservare la specie) e quella che gli è propria in quanto animale razionale (conoscere la verità). La legge naturale prescrive quanto corrisponde a tali inclinazioni. Questa ha come principio fondamentale "fai il bene ed evita il male", principio che sta all'etica come il principio di non contraddizione sta alla metafisica. In questo principio trova fondamento anche ogni legge umana. Ogni legge introdotta dall'uomo ha la natura di legge nella misura in cui deriva dalla legge naturale.

La legge naturale non è il frutto di ardue e astruse speculazioni, ma la sua percezione è tanto agevole che appare quasi intuitiva ed è patrimonio comune di tutti gli uomini. La sua sede specifica, secondo san Tommaso, è la *sinderesi*, che è l'abito che contiene i precetti della legge naturale, che sono i primi precetti delle azioni umane. La sinderesi è la sorgente profonda della ragione pratica, che è formata dalla convergenza delle due inclinazioni fondamentali: l'aspirazione alla verità e l'attrattiva del bene. Queste sono insite nel cuore di ogni uomo e lo aiutano a discernere il bene dal male.

La legge positiva è quella stabilita da un'autorità umana. San Tommaso ci ha lasciato una minuziosa trattazione del tema, ma qui mi limiterò a farne un fugace accenno.

La natura dell'uomo lo porta a vivere in comunità con altri uomini. Ogni gruppo sociale, dalla famiglia, alla tribù, allo stato, formula leggi proprie. Tali leggi esprimono le condizioni del rapporto sociale e cercano di controllare la violenza e di orientare gli uomini verso un senso di reciprocità e di armonia sociale. Il loro contenuto deriva a volte da una convenzione: è questo il caso, ad esempio, del codice dalla strada, che stabilisce che chi viene da destra debba avere la precedenza, ma potrebbe stabilire benissimo il contrario. Poiché però in un modo o nell'altro è orientata verso il bene morale, tale convenzione impone l'obbedienza degli individui anche se apparentemente si tratta di una cosa moralmente indifferente. Così, dal momento in cui si è stabilito che chi viene da destra ha la precedenza, è un dovere di giustizia obbedire a questo comando.

La legge umana implica la legge naturale, nella quale trova la sua legittimità morale. Capita, però, che a volte la legge positiva si opponga alla legge naturale, è questo il caso, ad esempio, della possibilità legale di abortire, oggi garantita dall'ordinamento giuridico di molti stati. In tali circostanze, è l'obiezione di coscienza a diventare il dovere di colui che voglia rimanere fedele alla legge naturale.

Conclusione

Caro cugino, siamo così giunti al termine di questa nostra breve escursione nel pensiero filosofico di san Tommaso d'Aquino. Spero che il panorama sia stato di tuo gusto. Se hai seguito attentamente il testo, ora avrai un'idea un po' più chiara del perché quello che ti andavo dicendo quella sera, qualche tempo fa, ti apparisse tanto sensato e perché la filosofia tomistica sia una ricchezza da riscoprire, specie in questi nostri tempi così confusi.

In calce al volume, subito dopo il glossario, troverai una breve lista di libri con i quali, se vorrai, protrai cominciare ad approfondire quanto hai qui appreso. Ti auguro un buon proseguimento di cammino.

Glossario

ABITO: disposizione stabile, innata o durevolmente acquisita, a essere o comportarsi in un certo modo.

ACCIDENTE: ciò che non può esistere per proprio conto, ma inerisce sempre ad una sostanza.

ARGOMENTO ONTOLOGICO: argomento filosofico, di cui la prima versione fu elaborata da sant'Anselmo d'Aosta, che pretende di dimostrare l'esistenza di Dio a partire dal suo concetto.

ASTRAZIONE: il processo mediante il quale l'intelletto ricava dall'esperienza delle nozioni universali.

ATTO: lo stato di piena realizzazione o esplicazione di quanto è in potenza.

ATTRIBUTO: proprietà essenziale di un ente.

ATTUALITÀ: l'essere in atto.

AVERROISMO: posizione di pensiero che si rifà all'interpretazione della dottrina aristotelica elaborata dal filosofo arabo Averroè e che afferma l'esistenza di un unico intelletto per tutta l'umanità.

CASO: causa irrazionale cui si suole attribuire ciò che avviene indipendentemente dalla volontà dell'uomo o da un disegno superiore.

CATEGORIA: uno dei generi supremi dell'essere.

CAUSA: quanto contribuisce in qualche modo all'esistenza di un qualcosa.

COMPOSTO: ciò che risulta dall'unione di più cose.

CONTINGENTE: ciò che può esistere o non esistere.

CORRUTTIBILE: si dice dell'ente la cui esistenza può venire meno.

CUGINO: figlio della zia e dello zio.

DEFINIZIONE: breve discorso che intende enucleare l'essenza di una cosa mediante l'indicazione del genere prossimo e della differenza specifica.

DIFFERENZA SPECIFICA: ciò che differenzia una specie dalle altre appartenenti al medesimo genere.

DISEGNO INTELLIGENTE: teoria secondo la quale la costruzione degli organismi viventi sarebbe troppo complessa per essere dovuta alle mutazioni casuali ed alla selezione naturale e rivelerebbe un progetto razionale trascendente.

EMERGENTISMO: corrente filosofica di chi ritiene che le caratteristiche tipiche degli enti macroscopici siano dei fenomeni emergenti.

ESISTENZA: l'esistere, carattere di ciò che è, esiste nella realtà.

ESSENZA: ciò che costituisce la natura, la sostanza propria e permanente di una cosa.

ETERNITÀ: il *possesso* perfetto e *simultaneo di una vita* senza termine.

FALLACIA: ragionamento erroneo.

FANTASMA: termine in uso nella filosofia scolastica per indicare l'immagine mentale.

FELICITÀ: totale e duraturo appagamento.

FILOSOFIA: la sapienza teorica e pratica raggiungibile tramite il solo uso della ragione.

FINE: ciò a cui una cosa tende.

FORMA: essenza di ogni cosa ed atto primo degli enti corporei.

GENERE: nozione comprensiva di più specie.

GIUDIZIO: funzione logica che connette, affermativamente o negativamente, un soggetto con un predicato.

GNOSEOLOGIA: branca della filosofia che si occupa di studiare i principi e l'affidabilità della conoscenza umana.

ILEMORFISMO: teoria secondo cui gli enti fisici sono costituiti da materia e forma.

IMMANENZA: contrapposta a trascendenza, indica il permanere di una cosa all'interno di un'altra.

IMMUTABILITÀ: la caratteristica di ciò che non è soggetto al mutamento.

INCORRUTTIBILE: ciò che non è soggetto a corrompersi.

INFINITO: non circoscritto, illimitato.

LOGICA: parte della filosofia che studia le leggi del pensiero.

MALE: assenza di un bene dovuto.

MATERIA: ciò che rende gli enti corporei tali, vale a dire percepibili dai sensi e capaci di interagire fisicamente con gli altri enti corporei.

MUTAMENTO: il passaggio di un ente dall'essere in potenza all'essere in atto.

NATURA: l'essenza di una cosa, soprattutto dal punto di vista operativo.

NOMINALISMO: corrente filosofica che nega ogni esistenza reale alle entità astratte (concetti ed idee), riducendole a meri segni linguistici.

PARTECIPAZIONE: il prendere parte di un qualcosa ad altro.

POTENZA: ciò che un ente può divenire (potenza passiva) o che può fare (potenza attiva).

PREAMBULA FIDEI: verità filosofiche la cui dimostrazione e comprensione funge in qualche modo da preambolo della fede nella Rivelazione.

PROVVIDENZA: il governo di Dio delle creature in vista del loro bene.

RAGIONAMENTO: l'atto del ragionare, vale a dire del coordinare tra loro dei giudizi per derivarne degli altri.

REALISMO: dottrina gnoseologica che ammette l'esistenza degli enti di cui si fa conoscenza a prescindere dal loro essere conosciuti. Si contrappone all'idealismo, che invece riduce l'essere delle cose al loro essere conosciute.

RIDUZIONISMO: l'idea che gli enti, le metodologie o i concetti di una scienza possano essere ridotti a quelli di un'altra scienza più fondamentale.

SCIENTISMO: movimento filosofico tendente ad attribuire alle scienze fisiche e sperimentali, e ai loro metodi, la capacità di soddisfare tutti i problemi e i bisogni dell'uomo

SCIENZA: studio e conoscenza delle cose mediante i loro principi (o cause).

SEMPLICITÀ: assenza di ogni composizione.

SENSO COMUNE: sistema organico di certezze universali.

SOSTANZA: l'elemento stabile e permanente di ogni ente, la prima delle dieci categorie.

SUSSISTENTE: ciò che gode di un'esistenza propria.

TEOLOGIA: scienza che studia Dio.

TRASCENDENTALE: nella filosofia scolastica, una proprietà fondamentale dell'ente che lo accompagna sempre e dovunque.

TRASCENDENZA: in contrapposizione ad immanenza, indica l'essere di una cosa in qualche modo al di là di un'altra.

VIRTÙ: disposizione ferma e costante ad agire bene.

ZIA: moglie dello zio e madre del cugino.

ZIO: marito della zia e padre del cugino.

Bibliografia essenziale

Caro cugino, la letteratura attorno al pensiero di san Tommaso d'Aquino conta migliaia di titoli. In questa sede mi limiterò ad indicarti una manciata di trattazioni generali dello stesso disponibili nella nostra lingua.

R. Garrigou Lagrange, *La sintesi tomistica*, Verona, Fede & Cultura, 2015

A. Ghisalberti, *Tommaso d'Aquino. Invito alla lettura*, Cinisello Balsamo (MI), San Paolo, 1999

È. Gilson, *Il tomismo. Introduzione alla filosofia di san Tommaso d'Aquino*, Milano, Jaca Book, 2011

A. Livi, *Tommaso d'Aquino. Il futuro del pensiero cristiano*, Milano, Mondadori, 1997

B. Mondin, *Il sistema filosofico di Tommaso d'Aquino*, Milano, Massimo, 1985

P. Porro, *Tommaso d'Aquino. Un profilo storico-critico*, Roma, Carocci, 2012

R. Schonberger, *Tommaso d'Aquino*, Bologna, Il Mulino, 2002

S. Vanni Rovighi, *Introduzione a Tommaso d'Aquino*, Bari, Laterza, 2007[14]

G. Ventimiglia, *Tommaso d'Aquino*, Brescia, La Scuola, 2014

J. A. Weisheipl, *Tommaso d'Aquino. Vita, pensiero, opere*, Milano, Jaca Book, 1994[4]

by Penny Allaria

Collana ThoMistica

Piccoli libri per un grande pensatore

Questa collana si propone di accogliere testi agili e dal taglio spiccatamente divulgativo che possano contribuire ad una migliore comprensione del pensiero tomistico da parte del lettore contemporaneo

01 ADRIANO VIRGILI – Tommaso d'Aquino spiegato a mio cugino
02 ADRIANO VIRGILI – L'esistenza di Dio

PHRONESIS EDITORE

Per informazioni sui nostri libri e le nostre attività, consultate:
HTTPS://PHRONESIS.IT/